LES 100 MOMENTS D'ÉMOTION DU FOOTBALL

Paulo le Sportix

LES 100 MOMENTS D'ÉMOTION DU FOOTBALL

SOLAR

DES ÉMOTIONS FOOT QUI ONT CHANGÉ MA VIE

Rien au monde ne peut me faire ressentir des émotions aussi puissantes que le football. La joie intense d'un but à la dernière seconde, les frissons d'une frappe sublime dans la lucarne ou encore la déception immense d'une élimination cruelle dans une grande compétition : tous ces moments ont pour point commun de créer en nous des sentiments intenses, des réactions passionnées.

Pendant longtemps, je me suis demandé pourquoi ce ballon rond pouvait à ce point interagir avec mes émotions. Et je crois que j'ai trouvé la réponse : j'aime le football pour sa capacité à nous raconter des histoires. Au début d'un match, il n'y a pas de scénario écrit, personne ne sait encore quel rôle il va pouvoir jouer dans ce récit. Mais au fur et à mesure que les minutes passent, la dramaturgie du match se dessine et les 22 acteurs entrent dans leur rôle. Devant ce spectacle, les spectateurs et téléspectateurs se réunissent pour se laisser porter par les événements, en réagissant intensément. Et quoi qu'il arrive, que l'issue de la rencontre soit glorieuse ou funeste, tout ce qui compte c'est ce qu'on a ressenti, qu'on ait vécu intensément chaque seconde des 90 minutes qui nous ont été offertes.

Ces moments uniques nous restent en mémoire pour toute la vie. Certains m'ont fait pleurer de joie, d'autres de tristesse, certains m'ont révolté, tandis que d'autres m'ont émerveillé. Ces moments d'émotion intense, où le temps s'arrête un instant de tourner, j'ai tenté de les compiler dans cet ouvrage. Au gré de ces lignes, vous allez pouvoir découvrir une sélection de 100 moments d'émotion qui continuent de m'accompagner aujourd'hui et m'ont donné envie de parler de football tous les jours. Des moments d'exception qui m'ont motivé à créer, il y a plus de trois ans déjà, la page « Paulo le Footix », en référence à la mascotte de la Coupe du monde 1998 organisée en France, devenue depuis le compte Paulo le Sportix. Je tâche de vous y informer sur le football de la manière la plus simple possible, pour vous permettre vous aussi de vivre pleinement toutes les émotions du ballon rond. Je peux donc affirmer que certains moments de cette liste ont profondément changé ma vie.

Si vous aimez le football, vous le savez autant que moi : certaines émotions sont indélébiles, et j'espère qu'en lisant ces pages, vous y retrouverez vous aussi des instants gravés dans votre mémoire. Cette liste n'est pas exhaustive, mais elle représente les 100 moments qui ont nourri mon imaginaire et parfois même bouleversé ma vie.

Je vous souhaite une très bonne lecture et je vous invite à entrer avec moi dans ce voyage où le ballon rond est roi.

LES MOMENTS DE GRÂCE

LE « CERF-VOLANT COSMIQUE »

MARADONA MARQUE, MORALES EXPLOSE. IL PLEURE DE JOIE. IL Y A UNE CERTAINE POÉSIE, UN ROMANTISME DANS CETTE FAÇON DE COMMENTER UN MATCH.

Lorsque Maradona inscrit le but du siècle à la Coupe du monde 1986, les mots d'un commentateur vont venir sublimer ce moment.

En 1986, le commentaire le plus légendaire du football est né de la voix de Victor Hugo Morales. Et vous allez voir qu'il porte plutôt bien son nom. Dans un quart de finale légendaire opposant l'Argentine et l'Angleterre, Maradona a sorti le match de sa vie. Galvanisés par un esprit revanchard, les Argentins ayant été empêtrés dans une guerre face aux Anglais dans les Malouines quelques années auparavant, Diego va offrir au monde du football le plus beau match de sa carrière. Un match somme, où il inscrira le but le plus injuste de l'histoire de la Coupe du monde (un moment d'émotion lui est d'ailleurs consacré) mais aussi celui que l'on surnommera « le but du siècle ».

Bien sûr, le but est dans toutes les têtes. Cette chevauchée fantastique du génie argentin qui transperce la quasi-totalité de l'équipe anglaise pour aller inscrire un but splendide. Mais quand je ferme les yeux et que je repense à ce match, une voix me vient en tête. J'entends Victor Hugo Morales. Pour être honnête, je ne connais ni le personnage ni aucun autre de ses commentaires. Pourtant, ce moment de télévision me donne toujours des frissons. La voix de Morales, tellement percutante, accompagne la montée en puissance du parcours de Maradona sur le terrain. Il tente de décrire chacun des gestes, mais ça va si vite. Jusqu'au moment où Morales cesse de décrire ce qu'il voit pour laisser éclater son admiration pour le numéro 10. Les « *Genio, Genio, Genio* », pleins d'émotions dans la voix, attestent de ce revirement, à partir duquel Morales cesse d'être un commentateur et redevient un petit garçon émerveillé. Maradona marque, Morales explose. Il pleure de joie. Il y a une certaine poésie, un romantisme dans cette façon de commenter un match. Laisser aller complètement ses émotions, c'est quelque chose que l'on ne voit plus dans le football actuel, sauf peut-être chez Omar Da Fonseca, commentateur franco-argentin qui assume pleinement ce lien avec son idole d'enfance.

Ce que je retiens de ce grand moment de football, c'est sa conclusion. Au cœur de cette émotion exacerbée, alors qu'il vient de vivre le moment le plus joyeux de sa carrière, Morales va donner un surnom à Maradona. Un surnom né de ce moment d'anthologie, où les mots ne peuvent provenir que du cœur : Maradona devient le « cerf-volant cosmique ». Et comme un symbole, le jour de sa mort, le journal *Libération* titrera, en hommage à Maradona : Céleste. Comme pour témoigner de ce lien inextricable qui unit les acteurs du jeu et ceux qui le décrivent, j'ai l'intime conviction que sans les mots de Morales la légende maradonienne n'aurait pas eu toute sa grandeur.

LA MORT DU ROI

En 2022, Pelé nous quittait.

Impossible de ne pas ressentir quelque chose lorsque l'on aime le football et que l'on vient d'apprendre le décès de Pelé. Évidemment, je suis trop jeune pour avoir connu la grande période de sa carrière, durant laquelle il a disputé quatre Coupes du monde et en a remporté trois (1958, 1962, 1970). Les seules images qui subsistent de cette période témoignent d'un passé lointain.

J'ÉTAIS CONSCIENT QUE LE FOOTBALL VENAIT DE PERDRE UN DE SES PÈRES FONDATEURS.

Pourtant, la mort de Pelé m'a particulièrement ému. Pourquoi ? Peut-être parce que j'étais conscient que le football venait de perdre un de ses pères fondateurs. Quand on y réfléchit bien, le football est un sport qui n'est pas si vieux et son évolution vers un sport total, pratiqué partout sur la planète, a été rendue possible par certains très grands joueurs, dont Pelé était le fer de lance. Sans lui, nous n'aurions jamais connu une fièvre du football aussi universelle. Lui, le Brésilien au talent technique exceptionnel, à l'instinct de buteur inégalable et à la personnalité unique, a permis de rendre le football accessible à tous. Même sans avoir vécu ses exploits en direct, nous avons tous été influencés par son aura.

Je me souviens encore de cette rencontre avec Kylian Mbappé à la suite de la Coupe du monde 2018, au moment où le petit Bondynois venait de rejoindre Pelé parmi les plus jeunes buteurs en finale de la Coupe du monde. Rien que le fait que chaque exploit précoce soit comparé au joueur brésilien montre la trace indélébile qu'il a laissée derrière lui. En rejoignant le paradis du football, Pelé a emporté avec lui tout un pan de son histoire, mais son héritage ne mourra jamais. Car au moment de partir, il a laissé le football au sommet du monde, un sport devenu roi comme lui, pratiqué partout et permettant à tous de s'échapper pendant quelques minutes du monde réel. Une chose est sûre : sans lui, rien de tout cela n'aurait été possible.

ZIZOU

À mes yeux, aucun joueur français ne dépassera jamais Zinédine Zidane. Zizou, c'était l'incarnation du football français. Un joueur aux capacités techniques hors norme, un homme respecté qui a toujours défendu les causes les plus importantes, mais aussi et surtout le joueur majeur qui a permis à l'équipe de France de basculer dans une autre dimension. Et parmi tous les souvenirs indélébiles qu'il a laissés, il y en a trois auxquels je continue de penser régulièrement. Trois moments qui ont participé à construire sa carrière, mais aussi le football français et ma propre passion pour le football.

AU SEPTIÈME CIEL

Zinédine Zidane inscrit un doublé en finale de la Coupe du monde, pour offrir le Mondial aux Bleus.

Le premier de ces moments c'est forcément la finale de la Coupe du monde 1998. Tout a été dit sur ce match, ou presque. Les Bleus, qui se hissent pour la première fois à ce stade de la compétition, affrontent le Brésil de Ronaldo au Stade de France. L'homme de ce match, c'est Zinédine Zidane. Ce que j'ai toujours trouvé assez amusant, c'est que ce doublé mythique, ces deux buts qui ont fait basculer la rencontre et qui ont été décisifs pour la première étoile des Bleus n'ont vraiment aucune beauté esthétique particulière. Ils se ressemblent même comme deux gouttes d'eau : ce sont à chaque fois des corners tirés au premier poteau, que Zidane reprend parfaitement de la tête en montant dans les airs, et qui finissent dans le but adverse.

Pourtant, cette image est indélébile. Comme beaucoup de buts dont je parle dans cet ouvrage, je n'ai pas eu la chance de les vivre, ni au stade, ni à la télévision. Et pourtant ils font partie de moi, et plus largement de la culture sportive de tous les Français. Je pense que la raison derrière tout ça c'est la sensation que Zinédine Zidane, en étant le double buteur décisif de cette finale, nous a offert quasiment à lui seul cette première étoile et tout le bonheur qui continue d'en découler. Nous avons pour lui une reconnaissance immense, de nous avoir fait vivre des moments d'extase, de nous avoir permis de nous rassembler, de nous avoir donné la passion du football. Je me souviendrai pour toujours de ce moment où je l'ai rencontré pour la première fois au Ballon d'Or 2022. J'avais pressenti qu'il serait là et j'avais emmené avec moi un maillot de cette fameuse année 1998. Je l'ai interpellé pour qu'il me le signe sur le torse, et pendant qu'il s'exécutait, tout sourire, je n'ai pas trouvé d'autres mots que ceux-là : **« Zizou on t'aime. »** Ce sont les seuls mots qui me sont venus. Il m'a remercié en souriant et il est parti. Ce moment si bref, mais si intense, restera pour toujours dans ma mémoire.

D'une volée splendide en finale, Zidane remporte la Ligue des champions avec le Real Madrid.

Un autre très grand moment de football que nous a offert Zinédine Zidane et qui reste encore dans mon esprit, c'est sa volée sublime en finale de la Ligue des champions 2002 avec le Real Madrid. Même si je n'ai pas un attrait particulier pour le club madrilène, c'est toujours un but auquel je pense quand on me demande de citer mes buts préférés. D'abord pour la beauté esthétique du geste. Zidane reçoit le ballon dans la surface, mais il est un peu trop avancé, alors il lance sa jambe en arrière et reprend le ballon d'une reprise de volée parfaite, qui propulse le cuir dans la lucarne de Leverkusen. L'exécution était millimétrée et elle représente à elle seule toutes les capacités techniques du joueur et l'impression qu'avec lui, le football est d'une facilité déconcertante.

L'autre raison, c'est le contexte de ce but. Zidane ne réalise pas ce geste dans un match lambda. Il le fait en finale de la Ligue des champions et c'est le but qui va tout faire basculer. Le joueur français réussissait encore à allier une beauté esthétique hors norme et une précision parfaite pour inscrire le but décisif de la rencontre. Peu de joueurs ont réussi comme lui à marquer un but sublime au moment le plus important. C'est pourquoi Zidane continue de marquer notre imaginaire.

L'ACR

L'EXÉCUTION ÉTAIT MILLIMÉTRÉE ET ELLE REPRÉSENTE À ELLE SEULE TOUTES LES CAPACITÉS TECHNIQUES DU JOUEUR ET L'IMPRESSION QU'AVEC LUI, LE FOOTBALL EST D'UNE FACILITÉ DÉCONCERTANTE.

COUP DE FOLIE

Après un match d'anthologie en finale de la Coupe du monde 2006, Zidane prend sa retraite sur un coup de tête.

ENCORE AUJOURD'HUI, IL M'ARRIVE DE RÊVER DE CE MOMENT EN HURLANT À ZIDANE DE NE PAS RÉPONDRE AUX PROVOCATIONS DE L'ITALIEN.

C'est en 2006 que Zinédine Zidane est rentré pour toujours dans mon cœur. J'avais 6 ans au moment où l'été commençait et allait nous offrir une des plus belles Coupes du monde de l'histoire. Je n'en avais jamais vécu et j'étais tellement excité à l'idée d'accompagner les Bleus dans une épopée qui les mènerait peut-être à une deuxième étoile. Je me souviens que je m'étais passionné pour cet effectif composé de légendes du football français : comme Vieira, Barthez, Makelele, Thierry Henry ou encore Franck Ribéry.

Mais je n'avais d'yeux que pour un homme : Zinédine Zidane. Et je ne m'étais pas trompé. Car cet été-là serait celui du chant du cygne pour Zidane. Un dernier tour de piste, durant lequel il est parvenu à faire parler la magie de ses pieds, tout en étant décisif à presque toutes les étapes importantes du parcours des Bleus jusqu'à la finale. Sur le canapé, accompagné de mes parents et de mes frères et sœurs, nous vivions tous les matchs avec passion. Cet été-là, mes parents voyaient celui qui leur avait donné tant de bonheur terminer sa carrière. Et moi, je découvrais le football avec lui, en étant le témoin de ses derniers exploits, dont ma famille et tous ceux autour de moi m'avaient parlé auparavant.

S'il y a bien un match que je serais capable de décrire à la minute près, c'est bien cette finale. Et surtout deux événements majeurs qui ont impliqué le numéro 10 français et qui continuent de hanter mes nuits aujourd'hui. D'abord dans les premières minutes du match, lorsqu'après une faute dans la surface, Zidane avait la possibilité de donner l'avantage aux Bleus sur penalty. Le gardien italien, Buffon, le connaissant tellement bien, Zizou devait absolument déjouer les pronostics. Le reste appartient à l'histoire. Zidane tente une Panenka, qu'il est tout proche de manquer, mais qui rebondit finalement sur la barre transversale et entre de peu dans le but italien. Le génie de Zizou en un seul geste : un coup de poker réussi grâce à une technique parfaite et un brin de folie.

Et puis, ce coup de folie. Un dernier geste où le torse de Materazzi remplace le ballon et où la violence prend le pas sur la technique et la beauté esthétique. Encore aujourd'hui, il m'arrive de rêver de ce moment en hurlant à Zidane de ne pas répondre aux provocations de l'Italien. Ce geste indéfendable représente aussi une partie de Zidane. Quelqu'un de droit, qui a toujours mis le respect au-dessus de tout, mais qui a toujours refusé qu'on lui marche sur les pieds et qu'on touche à sa famille. Les insultes du défenseur ne devaient pas rester sans réponse à ses yeux. Cette réponse a probablement coûté un deuxième sacre mondial aux Bleus. Le temps est passé et je crois que j'ai pardonné à Zidane. Quoi qu'il arrive, ce moment restera charnière dans ma vie. Car après les larmes qui ont coulé ce soir-là, j'en étais persuadé : le football était devenu ma vocation.

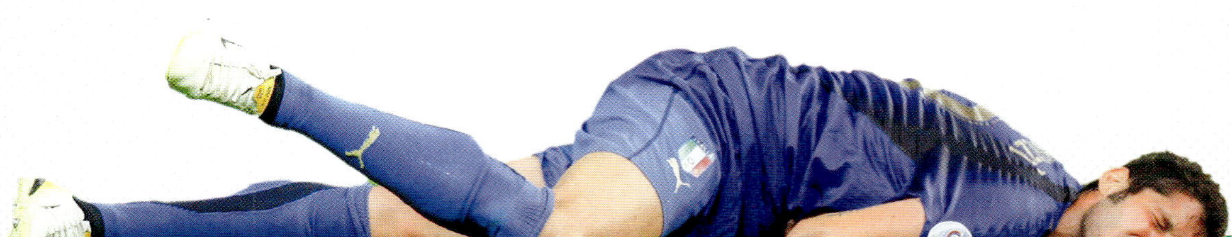

CR7 LE JOUEUR ULTIME

À CHAQUE NOUVEAU MATCH, ON SAVAIT QU'UN JOUEUR ALLAIT BRILLER PLUS QUE LES AUTRES, ET SES PERFORMANCES NE NOUS ONT QUASIMENT JAMAIS DÉÇUS.

Pendant neuf saisons au Real Madrid, Cristiano Ronaldo est devenu l'un des plus grands joueurs de tous les temps.

Quand j'effectue un petit retour en arrière sur mon adolescence, cette période durant laquelle je me suis passionné pour le football européen et pour la Ligue des champions, il y a un joueur dont le nom résonne en moi plus que n'importe quel autre. Celui de Cristiano Ronaldo. Alors qu'il avait été immense au Sporting, puis à Manchester United, avec un Ballon d'Or à la clé, Ronaldo décidait de rejoindre le Real Madrid en 2009.

En neuf saisons sous le maillot blanc, Cristiano est devenu le joueur de football ultime : leader technique, meneur d'hommes sur le terrain comme en dehors, mais aussi et surtout un buteur hors du commun. Grâce à lui, le Real Madrid a remporté quatre fois la Ligue des champions. Mais tout cela, ce ne sont que des statistiques. Pour avoir vécu ce moment, je dois dire que j'en retiens un aspect irréel. À chaque nouvelle rencontre, on attendait les exploits de Ronaldo comme un rendez-vous obligatoire. À chaque nouveau match, on savait qu'un joueur allait briller plus que les autres, et ses performances ne nous ont quasiment jamais déçus.

Dans les grands rendez-vous, Cristiano Ronaldo répondait toujours présent. Cela a notamment été le cas durant deux finales de la Ligue des champions : en 2014 contre l'Atlético et en 2017 contre la Juventus. Durant ces deux matchs à l'importance si grande, Ronaldo a été à chaque fois l'auteur de buts sublimes qui ont permis à son équipe de monter sur le toit de l'Europe. Ça, ce sont des souvenirs que l'on garde pour la vie. Quand j'y repense aujourd'hui, je me rends compte à quel point c'était une chance d'avoir pu vivre cela. Peut-être ne reverra-t-on jamais un joueur comme lui.

IT'S RAINING GOALS!

Alors que le Bayern Munich est mené 1-0 face à Wolfsburg, Robert Lewandowski entre en jeu et inscrit un quintuplé historique en neuf minutes.

CE JOUR-LÀ J'ÉTAIS CONSCIENT D'AVOIR ASSISTÉ À UNE DES PERFORMANCES INDIVIDUELLES LES PLUS IMPRESSIONNANTES DE L'HISTOIRE DU FOOTBALL.

Quand je pense aux très grandes performances individuelles d'un joueur de football, il y a toujours un nom qui me vient en tête : celui de l'attaquant polonais Robert Lewandowski. En 2015, alors au Bayern, il a réalisé une prestation qui a marqué le championnat d'Allemagne et qui continue d'alimenter les best of des chaînes de sport. À cette époque, je découvrais les différents championnats européens et j'avais entendu parler de la grande équipe munichoise et de son attaquant star. Mais je devais le voir de mes propres yeux. Cette saison-là, j'ai décidé d'être assidu et de regarder régulièrement la Bundesliga. Et c'est à l'occasion d'un match plutôt banal contre Wolfsburg que Robert Lewandowski est entré pour toujours dans ma mémoire.

Alors que son équipe était menée 1-0 à la pause, son entraîneur Pep Guardiola a eu la bonne idée de le faire sortir du banc pour essayer d'inverser la tendance. Et neuf minutes plus tard, l'entrée de Lewandowski avait complètement chamboulé le match puisque le compteur affichait 5-1 pour le Bayern. Et qui avait marqué ces cinq pions ? Robert Lewandowski. Si on devait décrire le match parfait pour un attaquant, comment pourrait-on faire mieux que cinq buts en seulement neuf minutes ? Ce jour-là j'étais conscient d'avoir assisté à une des performances individuelles les plus impressionnantes de l'histoire du football.

Pour véritablement comprendre l'ampleur de cet exploit, il suffit de revoir les neuf minutes durant lesquelles l'attaquant polonais a littéralement marché sur l'eau. Et ce qui me surprendra toujours, c'est de voir à quel point les buts sont de plus en plus beaux, jusqu'à ce retourné acrobatique d'exception pour conclure ce quintuplé historique. Tout simplement inoubliable.

LE TÉNOR DE LEICESTER

L'APOTHÉOSE D'UNE SAISON INOUBLIABLE CONTENUE DANS UN MOMENT QUI, ENCORE AUJOURD'HUI, ME TIRE LES LARMES.

Après l'obtention d'un titre historique en Premier League, l'entraîneur de Leicester invite le ténor italien Andrea Bocelli pour célébrer leur victoire.

En 2016, le football anglais a probablement vécu son plus grand exploit. Un petit club du royaume que personne n'avait vu venir a réalisé une saison tout simplement exceptionnelle. Alors qu'ils étaient passés très près de la relégation la saison précédente, le club de Leicester, emmené par le technicien italien Claudio Ranieri, a réalisé ce que beaucoup considéraient comme impossible : surclasser les plus grands clubs de la Premier League et terminer en tête du championnat. C'était un rêve éveillé pour les supporters de ce club familial. Mais à titre personnel ce n'est pas le simple exploit sportif qui me reste en tête.

Alors que la ville de Leicester et ses supporters étaient sur un petit nuage, le trophée du championnat devait être présenté au King Power Stadium. Forcément, comme le veut la tradition, tous les supporters des Foxes s'étaient réunis dans leur stade et s'attendaient à entendre résonner la chanson *We Are the Champions* dans un stade en ébullition. Mais le génial Ranieri a encore une fois surpris son monde. Il décida de convier à la fête une de ses idoles, un artiste mondialement célèbre mais que personne n'aurait imaginé à cet endroit-là : Andrea Bocelli. Un chanteur d'opéra dans un stade de football, on n'avait jamais vu ça. Et pourtant, dans une séquence presque irréelle, Bocelli a interprété une de ses plus belles mélodies dans un stade médusé, envoûté par le talent lyrique du ténor. Les notes résonnent, mais il semble n'y avoir aucun décalage, comme si les exploits sportifs sur le terrain avaient tout rendu possible. Le ténor est vêtu d'un maillot du club, et derrière lui, Ranieri ne peut cacher son émotion, les larmes aux yeux, comme si les paroles classiques de *Con te Partiro* lui permettaient de revivre les instants les plus mémorables de ce parcours. L'apothéose d'une saison inoubliable contenue dans un moment qui, encore aujourd'hui, me tire les larmes.

LES MOMENTS D'INJUSTICE

LE CAUCHEMAR DE SÉVILLE

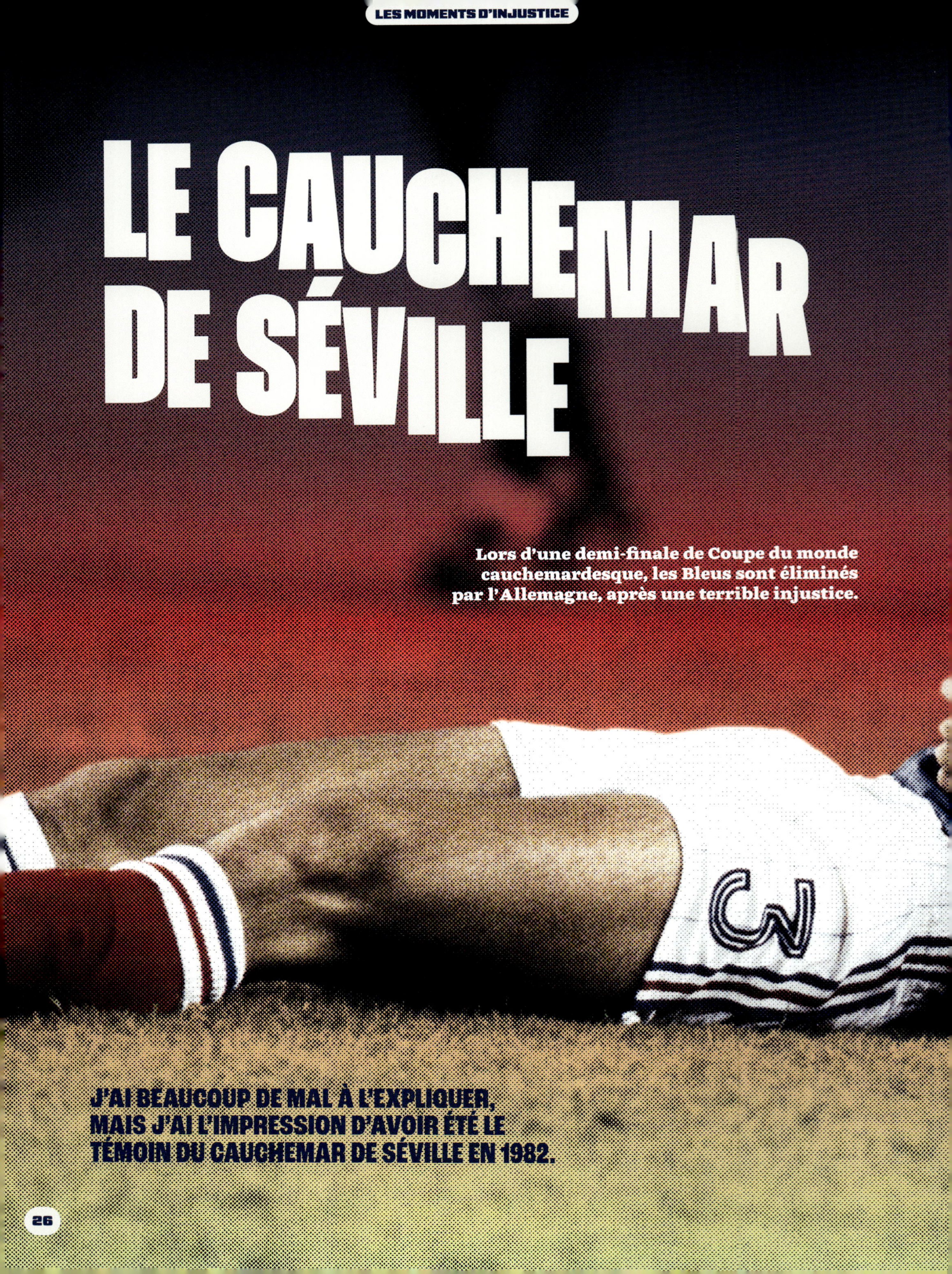

Lors d'une demi-finale de Coupe du monde cauchemardesque, les Bleus sont éliminés par l'Allemagne, après une terrible injustice.

J'AI BEAUCOUP DE MAL À L'EXPLIQUER, MAIS J'AI L'IMPRESSION D'AVOIR ÉTÉ LE TÉMOIN DU CAUCHEMAR DE SÉVILLE EN 1982.

J'ai beaucoup de mal à l'expliquer, mais j'ai l'impression d'avoir été le témoin du cauchemar de Séville en 1982. L'équipe de France, menée par le légendaire Michel Platini, avait abordé la Coupe du monde de cet été-là avec une grande confiance et des ambitions à la hauteur de leur talent. Et dans cette équipe, du talent il y en avait beaucoup : à l'image de Dominique Rocheteau, Marius Trésor, Jean Tigana et bien sûr Alain Giresse. Tous ces hommes ont fait partie d'une génération où la modeste équipe de France, qui n'avait alors remporté aucun trophée sur la scène internationale, pouvait enfin rêver de monter sur le toit du monde.

Alors, après un début de compétition réussi, les Bleus se sont présentés face aux tenants du titre en demi-finale : la RFA. Malgré cet adversaire coriace, ils avaient l'effectif pour leur tenir tête, avec en ligne de mire une qualification pour la première finale de Coupe du monde de leur histoire. Mais la soirée a tourné au cauchemar. La première période annonçait pourtant un match disputé ; les deux équipes rentraient au vestiaire sur un score de parité, 1-1. Mais au retour sur la pelouse, le gardien allemand Harald Schumacher percutait à pleine vitesse le défenseur français Patrick Battiston, sur une action d'une violence inouïe. La puissance de ce choc me semble encore irréelle mais c'est surtout la décision de l'arbitre qui reste un mystère.

Alors que le défenseur français gisait au sol et que l'auteur de cette faute grossière était clairement identifié, l'arbitre n'a rien sifflé et Schumacher n'a même pas reçu le moindre carton. Quelle injustice ! Et cette malheureuse décision allait avoir des conséquences terribles quelques minutes plus tard. Car aux termes des prolongations, alors que les Bleus étaient parvenus à mener 3-1, les vagues offensives allemandes ont permis à la RFA d'égaliser dans les toutes dernières secondes et c'est l'Allemagne qui a fini par vaincre les Bleus aux tirs au but. Si on reparle de ce match encore aujourd'hui, c'est pour la puissance dramatique qu'il continue de dégager. Les Bleus auraient tellement mérité de remporter leur premier trophée cet été-là.

LA MANO DE DIOS

Lors de la Coupe du monde 1986, Maradona a marqué le but le plus célèbre du football : un but de la main qui est entré dans la légende.

C'est probablement la plus grande erreur d'arbitrage de l'histoire de la Coupe du monde. À l'été 1986, tous les plus grands acteurs du football se retrouvent au Mexique pour le Mondial. Forcément, la plus grande star de l'époque, le Napolitain Diego Armando Maradona, fait partie de la fête. Et en quarts de finale va avoir lieu l'un des plus grands matchs de sa carrière : un duel entre l'Angleterre et l'Argentine pour une place en demi-finale. La toile de fond de ce match dépasse même le cadre du football, car quelques années plus tôt, une guerre sanglante avait eu lieu entre les deux nations pour le contrôle des îles Malouines.

Alors ce soir-là, tous les joueurs argentins entrent sur la pelouse avec un esprit revanchard et une envie, quoi qu'il en coûte, de remporter le match. Et ce « quoi qu'il en coûte » va avoir son importance. Car alors que les deux équipes sont au coude à coude, une action va bouleverser la rencontre. Sur un centre de Valdano dans la surface, Maradona monte dans les airs face au gardien anglais qui fait de même. Mais au lieu d'utiliser sa tête, le joueur argentin propulse le ballon du poing dans le but de Peter Shilton. La manœuvre fonctionne, et Maradona inscrit le but salvateur pour les siens. Il le sait très bien, il vient de marquer de la main. Mais dans le stade, c'est la confusion : malgré les protestations des supporters qui étaient proches de l'action, l'arbitre n'a rien vu, et les Anglais vont subir cette immense injustice qui leur coûtera finalement leur place en demi-finale.

Cette main de Maradona restera dans l'histoire du football comme « la main de Dieu ». Le joueur argentin a triché certes, mais cette action représente à elle seule toute la complexité du personnage du Pibe de Oro : un talent immense sur le terrain, mais aussi des frasques et une tendance à utiliser tous les moyens possibles pour remporter la victoire. Malgré cette polémique, un nouvel éclair de génie de Maradona mettra tout le monde d'accord quelques minutes après cette main légendaire. Le petit génie inscrit un but, tout à fait légal cette fois-ci, qui sera considéré comme le plus beau but du siècle. Et tout cela dans la même rencontre.

Alors que je n'avais jamais vu Maradona jouer, je me suis passionné pour le personnage après avoir vu le documentaire qu'Asif Kapadia lui a consacré. Après avoir revu ce match légendaire, j'en étais persuadé : Maradona est bien le footballeur le plus talentueux, complexe et passionnant qui ait jamais foulé un terrain de football.

IL LE SAIT TRÈS BIEN, IL VIENT DE MARQUER DE LA MAIN.

IT'S A FUCKING DISGRACE!

À l'issue d'une demi-finale, qu'il estime avoir été arbitrée à sens unique, Didier Drogba laisse exploser sa colère : « C'est une honte ! »

AVEC LE RECUL ET EN AYANT REVU LES IMAGES, IL EST EFFECTIVEMENT LÉGITIME DE SE DEMANDER SI L'ARBITRAGE DE CE SOIR-LÀ N'A PAS ÉTÉ DÉFAILLANT.

« C'est une honte ! » Voilà les mots de Didier Drogba après la demi-finale retour de Ligue des champions qui a opposé Chelsea et le FC Barcelone en 2009. Pourquoi une telle réaction ? Après un match nul sans but entre les deux équipes, ce match retour était d'une importance capitale pour rejoindre le sommet du football européen. Mais au cours de la rencontre, de nombreuses décisions arbitrales à sens unique ont provoqué la colère des Blues. Selon Drogba, l'arbitre aurait pu sanctionner les Catalans d'un penalty au moins à sept reprises, mais a décidé de ne pas le faire.

Finalement ce sont les Blaugranas qui ont arraché leur qualification, brisant ainsi les rêves d'une génération de Chelsea prometteuse et alimentant les théories du complot les plus virulentes. Mais alors que penser de cette soirée ? Avec le recul et en ayant revu les images, il est effectivement légitime de se demander si l'arbitrage de ce soir-là n'a pas été défaillant. L'arbitre lui-même a d'ailleurs confessé depuis qu'il n'avait pas réalisé ce soir-là le meilleur match de sa carrière. En cause notamment, une action à la 24e minute, durant laquelle Florent Malouda est fauché dans la surface par Dani Alves, mais à l'issue de laquelle l'arbitre a préféré donner un coup franc plutôt qu'un penalty aux joueurs de Chelsea. Autant de décisions qui ont créé un énorme débat et qui continuent aujourd'hui d'alimenter les suspicions.

Les Blues prendront leur revanche trois ans plus tard et Didier Drogba soulèvera enfin le trophée, à l'issue d'une finale de Ligue des champions historique.

RIBÉRY, L'INJUSTICE

MAIS LA SOIRÉE DU 13 JANVIER 2014, CELLE QUI AURAIT DÛ CONSACRER LA CARRIÈRE DU JOUEUR FRANÇAIS, A SONNÉ COMME UN VÉRITABLE CAUCHEMAR.

Le Français venait de réaliser la saison de sa vie mais c'est Ronaldo qui est sacré Ballon d'Or en 2013.

Un véritable coup de massue. En 2013, la concurrence a été rude au moment de choisir le lauréat du Ballon d'Or. Comme toujours depuis quelques années, Cristiano Ronaldo et Lionel Messi étaient donnés favoris au plus prestigieux titre individuel. Mais Franck Ribéry vient de boucler une année énorme avec notamment 22 buts et 18 passes décisives. Son Bayern Munich a littéralement marché sur l'Europe : vainqueur du championnat d'Allemagne, de la coupe nationale, mais aussi et surtout de la cinquième Ligue des champions du club, arrachée face au Borussia Dortmund dans une finale d'anthologie.

Décisif dans presque chacun des matchs qu'il avait disputés cette année-là, élu meilleur joueur du championnat et de son club, décisif aussi sur les deux buts de son club en finale de la Ligue des champions : Ribéry pouvait rêver encore plus haut et il était naturellement candidat à la récompense suprême du football. Mais la soirée du 13 janvier 2014, celle qui aurait dû consacrer la carrière du joueur français, a sonné comme un véritable cauchemar. Ce soir-là, c'est Cristiano Ronaldo, encore une fois, qui soulèvera le trophée devant les yeux de Ribéry, lui qui n'aura même pas eu l'honneur de terminer à la deuxième place, écopant d'une maigre place sur le podium.

Ribéry l'avouera des années plus tard : il aura eu énormément de mal à s'en remettre, estimant avoir été victime d'un vol. Une injustice profondément ancrée, à laquelle je n'ai pas pu m'empêcher de penser lorsque le légendaire joueur français prit sa retraite en 2021. Peut-être serait-il temps de modifier les critères d'éligibilité de la plus prestigieuse des récompenses individuelles. J'ai d'ailleurs proposé l'idée au présentateur de la cérémonie, Didier Drogba, lorsque je l'ai rencontré : qu'un Ballon d'or du peuple, élu par les supporters, trouverait aujourd'hui beaucoup plus de légitimité que la formule actuelle du scrutin.

LE SACRIFICE INDIGNE DE LUIS SUÁREZ

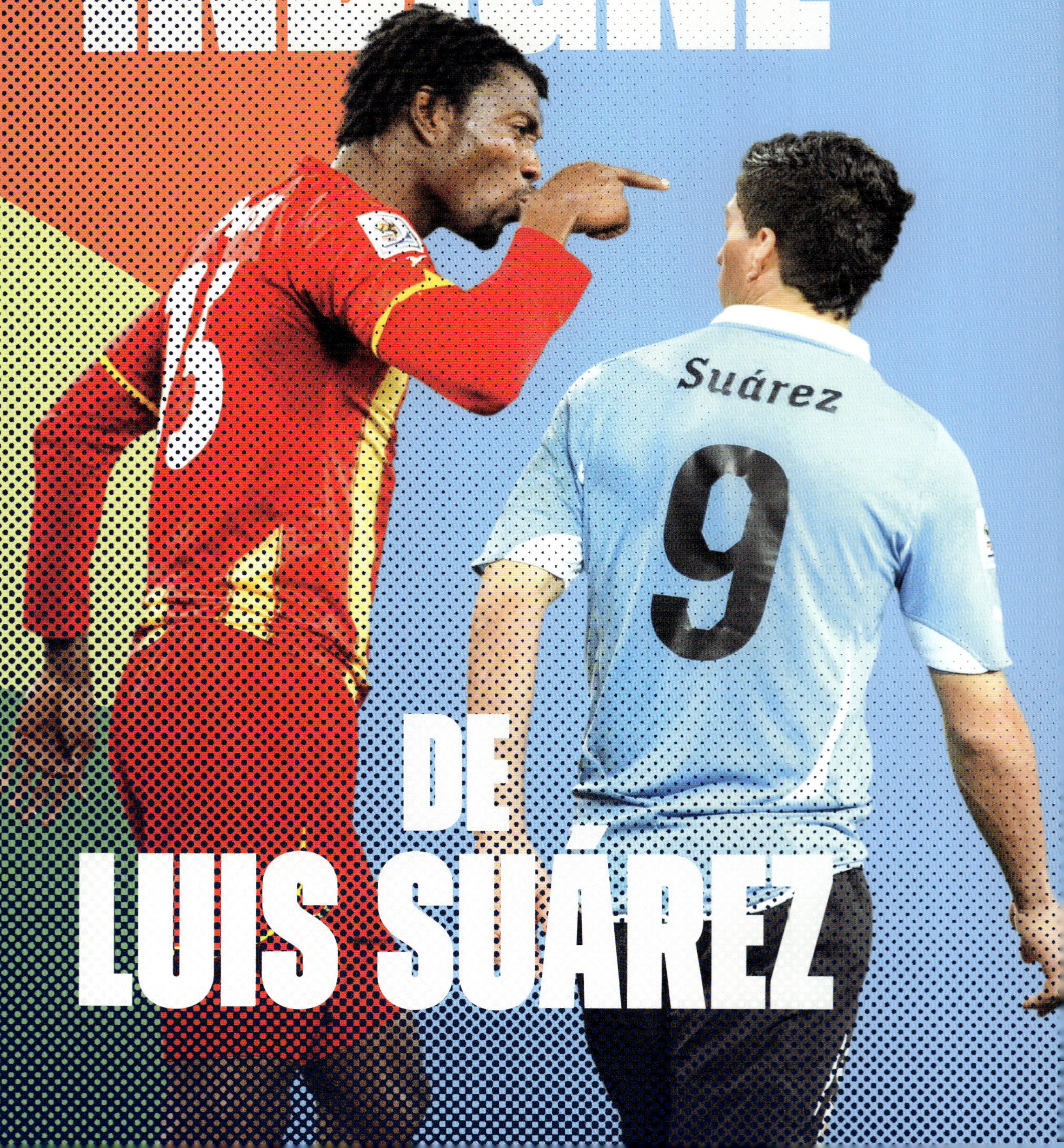

En arrêtant le ballon de la main pour empêcher un but, Luis Suárez prive le Ghana d'une demi-finale de Coupe du monde.

Durant mon enfance, il y a un joueur qui m'a énormément marqué pour son antijeu et sa capacité à faire parler de lui pour les mauvaises raisons : Luis Suárez, l'homme capable de mordre l'oreille d'un adversaire. C'est un autre fait de match que je retiendrai. Nous étions à la Coupe du monde 2010, dans un quart de finale qui opposait le Ghana à l'Uruguay. Un match passionnant puisque, après l'ouverture du score des Ghanéens, les Uruguayens sont revenus au score grâce à leur star Diego Forlan, obligeant les vingt-deux acteurs à se diriger vers les prolongations. Les dernières minutes du match sont rudes et tous les supporters retiennent leur souffle, jusqu'à la 120e minute de jeu.

Il ne reste que quelques secondes et sur un ballon mal dégagé dans la surface, l'attaquant du Ghana Dominic Adiyiah propulse le ballon vers les filets uruguayens, déserté par son gardien. Le temps est suspendu et les Ghanéens s'apprêtent à célébrer la première accession d'une équipe africaine en demi-finale de la Coupe du monde, mais Luis Suárez en a décidé autrement. L'attaquant du FC Barcelone se place devant la cage uruguayenne et repousse le ballon avec la main pour l'empêcher de franchir la ligne. Une triche délibérée qui amène logiquement l'arbitre à l'expulser et à ordonner qu'un penalty soit accordé aux Ghanéens. Mais la suite va être d'une injustice rare. Le tireur expérimenté Asamoah Gyan se présente face à Muslera, mais le tir, qui aurait pu délivrer tout un peuple, atterrit sur la barre transversale.

À l'issue d'une séance de penalties au suspense haletant, ce sont finalement les Uruguayens qui décrochent leur ticket pour les demi-finales. Je n'ose même pas imaginer la douleur qu'ont ressentie ce soir-là les supporters et les joueurs du Ghana. Je ne me souviens pas d'un match durant lequel la triche délibérée est parvenue à renverser à ce point le destin d'une rencontre.

L'ATTAQUANT DU FC BARCELONE SE PLACE DEVANT LA CAGE URUGUAYENNE ET REPOUSSE LE BALLON AVEC LA MAIN POUR L'EMPÊCHER DE FRANCHIR LA LIGNE.

MON IDOLE A TRICHÉ

VOIR MON IDOLE D'ENFANCE DÉNIGRÉE À CE POINT, TRAÎNÉE DANS LA BOUE COMME SI TOUT CE QU'IL AVAIT PU ACCOMPLIR PRÉCÉDEMMENT NE COMPTAIT PLUS, M'ATTRISTE ENCORE AUJOURD'HUI.

Dans un match de barrage fatidique pour la Coupe du monde, Thierry Henry offre le ballon de la victoire à William Gallas, sur une main controversée.

Thierry Henry a triché. Dans un match capital avec l'équipe de France, il a contrôlé le ballon de la main avant d'offrir une passe décisive à son coéquipier, pour qualifier les Bleus pour la Coupe du monde. Un geste qui a précipité la carrière de Thierry Henry dans le chaos. À quelques mois de la grand-messe internationale du football, l'équipe de France est en mauvaise posture et doit disputer des barrages pour se qualifier pour le Mondial 2010 en Afrique du Sud. Après la Coupe du monde 2006, la plupart des tôliers ont raccroché les crampons et il ne reste plus qu'une seule figure de ce passé glorieux : Thierry Henry. Les Bleus affrontent l'Irlande au Stade de France et la tension est à son comble.

À la 33e minute, l'avant-centre Robbie Keane ouvre le score et permet aux siens de croire à la qualification. Les Irlandais tiennent le coup et emmènent les Bleus en prolongations. À la 103e minute, les Bleus s'offrent une occasion franche dans la surface, William Gallas marque le but salvateur pour les Bleus sur une passe décisive de Thierry Henry. La fête est magnifique : le Stade de France peut célébrer comme il se doit les héros qui viennent de décrocher leur billet pour l'Afrique du Sud. Mais il y a un hic. Après le match, tout le monde se rend compte que le but français n'aurait pas dû être accordé. Juste avant de délivrer la passe décisive pour Gallas, Thierry Henry a contrôlé le ballon avec la paume de la main.

Je me souviendrai toujours de cet arrêt sur image, celui où l'on voit très clairement la main de Henry sur laquelle rebondit le ballon. Il a triché et la grande majorité du public et des médias français va se retourner contre lui. Voir mon idole d'enfance dénigrée à ce point, traînée dans la boue comme si tout ce qu'il avait pu accomplir précédemment ne comptait plus m'attriste encore aujourd'hui. Alors que du côté de Londres, sa statue en bronze est photographiée par les supporters du monde entier autour du stade d'Arsenal, en France nous n'avons retenu que ce chapitre dans la carrière du joueur. Un véritable gâchis, quand on repense à tout le bonheur que ce joueur exceptionnel aura donné à travers ses coups de génie. Cruel.

J'AI HABITÉ À LYON PENDANT PLUSIEURS ANNÉES ET JE DOIS DIRE QUE CET ÉVÉNEMENT FAIT PARTIE DES GRANDS REGRETS DES SUPPORTERS DES GONES.

IL Y AVAIT PENALTY SUR NILMAR !

Dans un quart de finale de Ligue des champions frustrant, l'Olympique Lyonnais a laissé filer sa qualification, à cause d'un penalty non sifflé.

Au début des années 2000, un club français était au-dessus de tous les autres : l'Olympique Lyonnais. J'ai commencé à découvrir le football français à cette période et cette équipe fait partie de celles qui m'ont fait aimer le foot. L'OL avait le niveau pour remporter une Coupe d'Europe. Et en 2005, il n'est pas passé loin. Mais le quart de finale retour de Ligue des champions entre l'OL et le PSV Eindhoven en 2005 en a décidé autrement.

Alors que les deux équipes venaient de disputer deux rencontres de 90 minutes, durant lesquelles aucune n'était parvenue à prendre l'avantage sur l'autre, c'est la prolongation. Durant ces quelques minutes décisives, le Brésilien Nilmar part en profondeur vers la surface adverse à toute vitesse mais il est brusquement fauché dans sa course par le gardien adverse. Aux commentaires de TF1 à cette époque, Thierry Gilardi et Jean-Michel Larqué en sont persuadés : il y a penalty sur Nilmar ! Aucun penalty n'est sifflé et à la fin des prolongations, une séance de tirs au but ratée par les Lyonnais conduit à leur élimination. J'ai habité à Lyon pendant plusieurs années et je dois dire que cet événement fait partie des grands regrets des supporters des Gones.

LES MOMENTS DE FOLIE

UNE LÉGENDE DES BLEUS DANS MON SALON

En plein cœur de l'Euro 2020, David Trezeguet me fait la surprise de regarder un match de quart de finale avec moi.

Le but de David Trezeguet en finale de l'Euro 2000 occupe une place très importante dans mon cœur, pour une raison que je n'aurais jamais soupçonnée. Laissez-moi vous raconter cette histoire.

Nous étions en plein cœur de l'Euro en 2021, et, pendant le Covid, j'avais eu l'idée de me lancer dans la création de vidéos sur les réseaux sociaux, pour partager ma passion pour le sport et raconter les plus belles anecdotes du football. Quelques mois plus tard, je me lançais dans la réalisation de vidéos tous les jours pour faire vivre l'Euro à ma communauté encore modeste. Je prenais un réel plaisir à le faire et un jour, j'ai reçu une proposition assez inattendue. TikTok France avait remarqué mes vidéos et m'a proposé de réaliser un tournage chez moi pour mettre en avant ma passion pour le football. Ni une ni deux, j'ai accepté, sans connaître réellement les conditions de ce tournage.

Le jour J, les équipes de production m'ont demandé si elles pouvaient revenir le soir même, à quelques minutes du coup d'envoi du match prévu ce jour-là : un quart de finale opposant l'Angleterre et le Danemark. Je m'en souviens comme si c'était hier. Au départ, je pensais que les caméras allaient simplement filmer mes réactions, tout seul sur mon canapé, mais je me trompais : car à quelques minutes du début du match, David Trezeguet a débarqué dans mon salon pour m'annoncer que nous allions vivre ce quart de finale tous les deux, chez moi. Je n'en croyais pas mes yeux. J'étais en train de vivre le moment le plus surprenant de toute ma vie de passionné de football.

Il s'est assis sur le canapé à côté de moi, et nous avons passé deux heures à discuter du sport qui nous réunissait et à regarder la rencontre. Avant de partir, l'ancienne gloire des Bleus m'a fait un dernier cadeau : revoir avec moi son but de l'Euro 2000 et me partager ses souvenirs. J'ai pu réaliser une vidéo de ce moment, où on voit l'émotion sur nos visages, lui se plongeant dans ce souvenir qui a changé sa carrière et moi encore complètement bouleversé par sa présence dans mon salon.

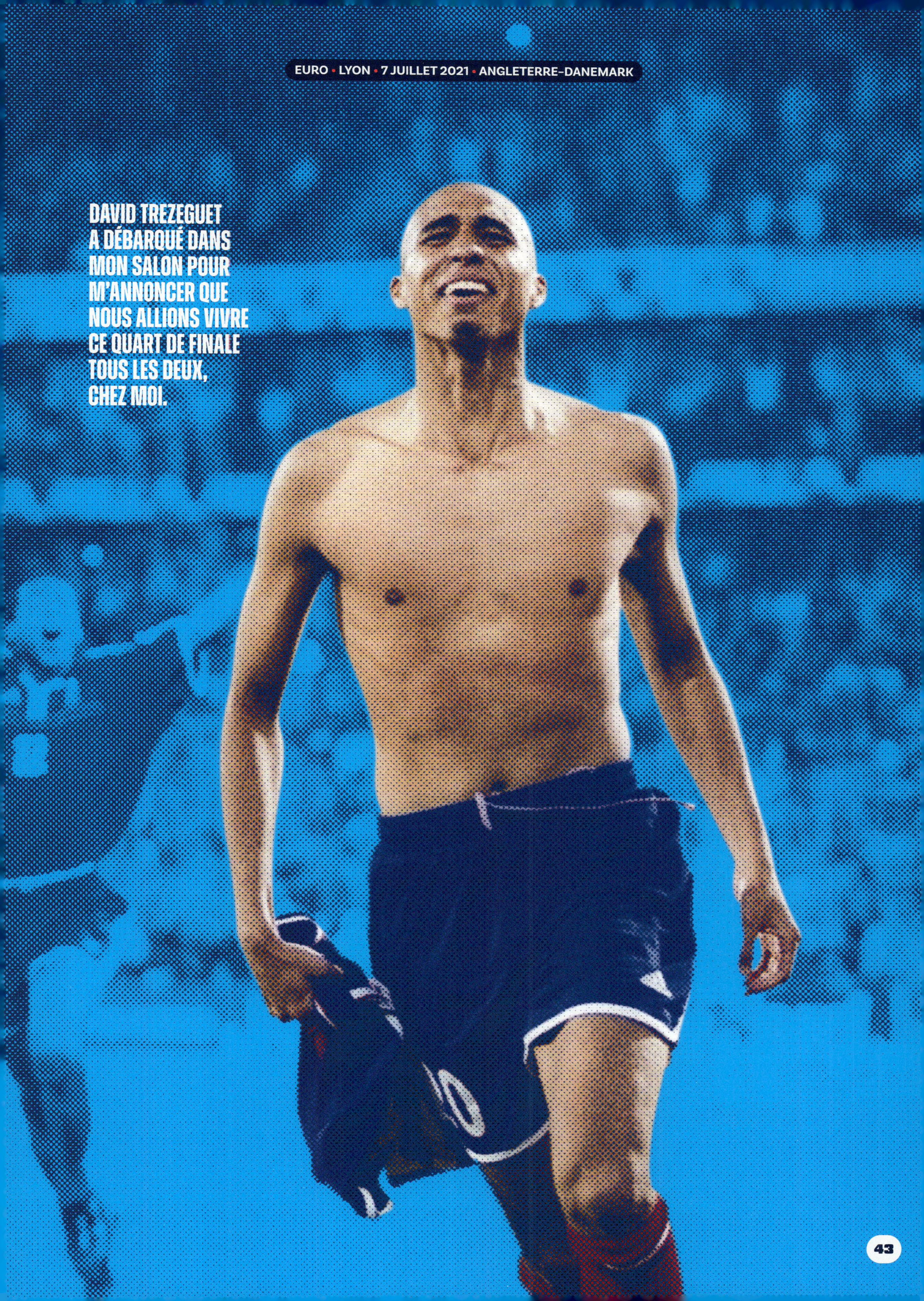

DAVID TREZEGUET A DÉBARQUÉ DANS MON SALON POUR M'ANNONCER QUE NOUS ALLIONS VIVRE CE QUART DE FINALE TOUS LES DEUX, CHEZ MOI.

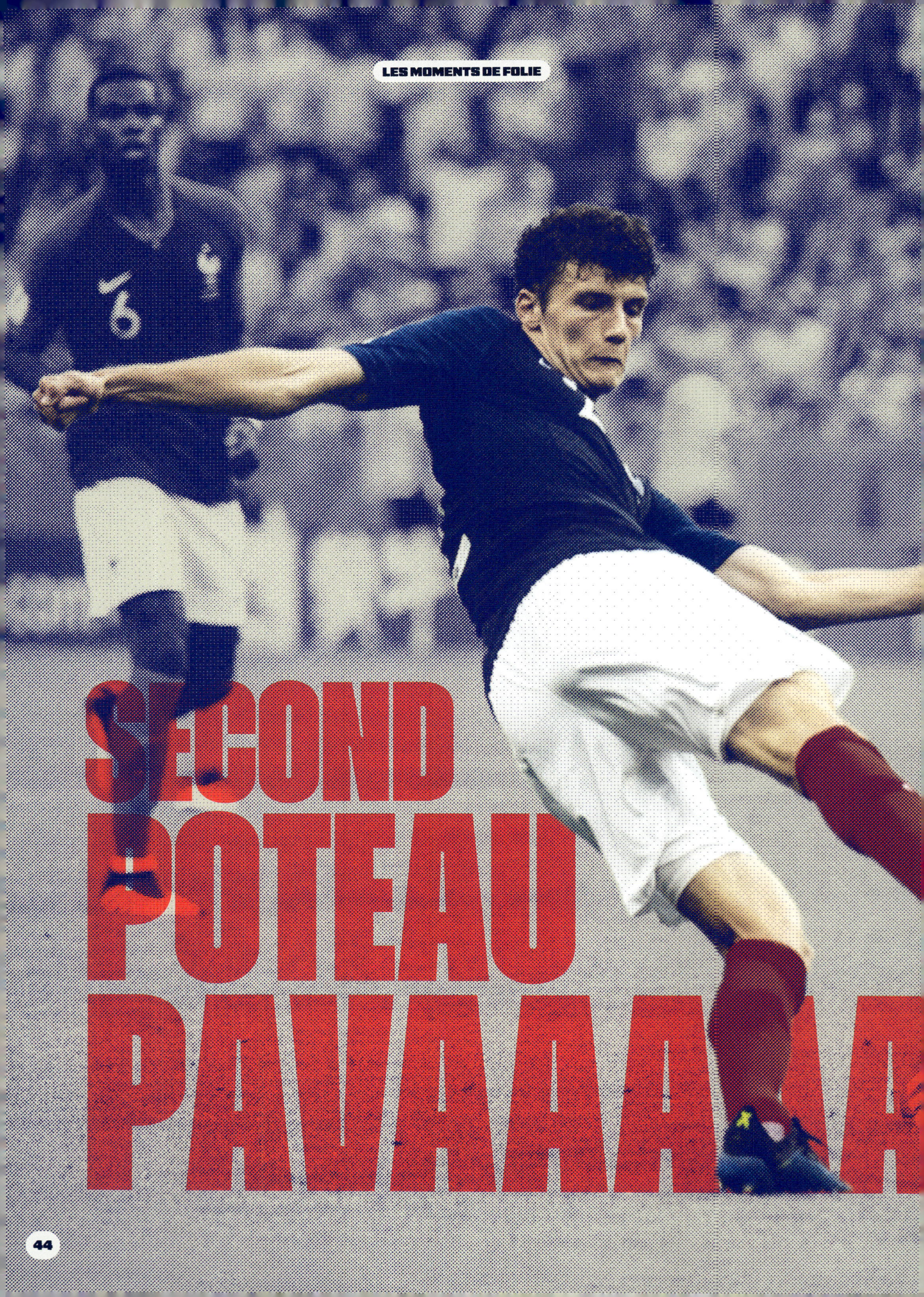

SECOND POTEAU PAVAAAAA

COUPE DU MONDE • KAZAN ARENA • 30 JUIN 2018 • ARGENTINE-FRANCE

JE ME SOUVIENS ÊTRE RESTÉ BOUCHE BÉE DEVANT CE MOMENT INATTENDU. J'AI L'HABITUDE DE LAISSER EXPLOSER MA JOIE MAIS LÀ, LA SURPRISE M'A CLOUÉ SUR PLACE.

Benjamin Pavard inscrit le but de sa vie face à l'Argentine et entre pour toujours dans la légende de l'équipe de France.

En 2018, Benjamin Pavard a inscrit un but qui restera pour toujours gravé dans ma mémoire. L'équipe de France est en huitièmes de finale de la Coupe du monde face à l'Argentine de Léo Messi. Après une première période âpre et difficile, les Bleus sont menés pour la première fois de la compétition. Ils doivent réagir rapidement et Benjamin Pavard va venir délivrer tout un peuple d'une élimination qui aurait sonné comme une énorme déception. Et il va le faire avec la manière.

Sur un centre venu du côté gauche et de Lucas Hernandez, le ballon traverse le terrain et atterrit dans la course du défenseur qui était monté très haut. Pavard reçoit le ballon et après un court rebond il déclenche une frappe, à la fois puissante et précise, qui effectue une trajectoire miraculeuse et atterrit dans la lucarne du gardien argentin. Le match vient de basculer dans la folie. Le visage de Benjamin Pavard exprime une immense joie mais aussi une sorte d'incrédulité devant ce qu'il vient de réaliser. Je me souviens être resté bouche bée devant ce moment inattendu. J'ai l'habitude de laisser exploser ma joie mais là, la surprise m'a cloué sur place. J'avoue avoir fait partie de ceux qui avaient émis des doutes sur la place de Pavard dans cette liste des 23 Bleus. L'histoire venait de me donner tort. Ce récit entourant le but, s'ajoutant au contexte et à la beauté esthétique du geste, va faire de Pavard un acteur légendaire du futur sacre des Bleus.

Quelques jours plus tard, alors que l'équipe de France est parvenue à décrocher sa deuxième étoile, je serai sur les Champs-Élysées pour accueillir les joueurs à leur retour de Moscou. Et parmi la foule, un chant résonnera plus que les autres. Un chant à la gloire de ce grand brun frisé, passé d'inconnu du grand public à figure éternelle en moins de temps qu'il ne faut pour le dire. Un chant à la gloire de Benjamin Pavard inventé par les supporters :

« Benjamin Pavard, je ne crois pas que vous connaissiez. Il sort de nulle part, une frappe de bâtard. On a Benjamin Pavard ! »

AAAAARD !

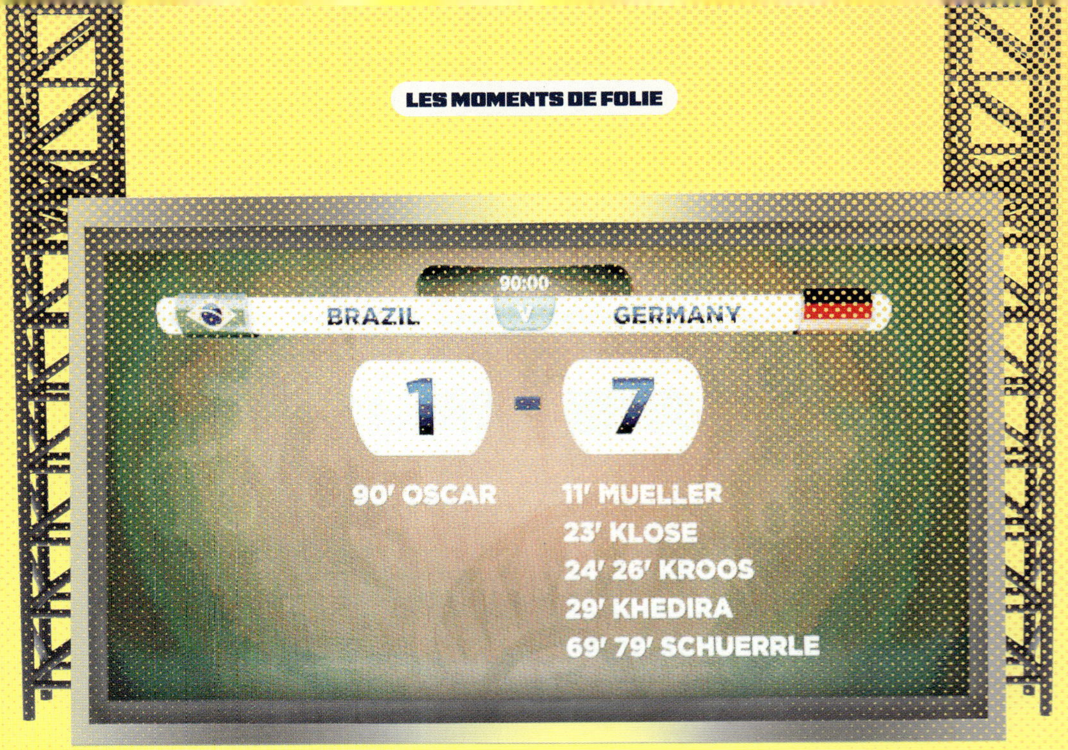

LE BRÉSIL HUMILIÉ

En demi-finale de la Coupe du monde 2014, le Brésil est humilié à domicile par l'Allemagne : 7-1.

DANS UN MATCH À SENS UNIQUE, LES ALLEMANDS ONT MIS EN MARCHE LEUR ARMADA OFFENSIVE ET ILS ONT LITTÉRALEMENT MARCHÉ SUR L'ÉQUIPE BRÉSILIENNE.

Certains matchs nous ont tellement marqués que l'on se souvient très exactement où l'on était lorsqu'on les a vécus : le choc entre l'Allemagne et le Brésil, en demi-finale de la Coupe du monde 2014, fait partie de ceux-là. Pour comprendre la portée de ce match, il faut se rappeler le contexte : en 2014, cela fait 64 ans que le Brésil n'a plus organisé la Coupe du monde. La compétition s'annonçait comme une fête au pays de Pelé.

Après une cérémonie d'ouverture grandiose et une entame de compétition parfaite, les Brésiliens se sont retrouvés en demi-finale, face à leur premier véritable défi : se défaire de la Mannschaft. Mais ce soir-là, cette équipe et le pays tout entier ont vécu la plus grande désillusion de leur histoire. 7-1 : le score parle de lui-même. Dans un match à sens unique, les Allemands ont mis en marche leur armada offensive et ils ont littéralement marché sur l'équipe brésilienne. Le plus fou, c'est que dès la 30e minute de jeu, les Européens avaient déjà cinq buts d'avance sur leurs adversaires. Et si Oscar n'avait pas réduit la marque à la toute dernière minute de jeu, les Allemands l'auraient emporté 7-0. Il n'y a qu'un mot pour décrire une telle catastrophe : humiliation.

Ce que je retiens de ce match, au-delà de l'incroyable surprise d'un tel score, c'est la tristesse qu'il a engendrée partout dans le monde. L'équipe nationale brésilienne a toujours représenté ce que le football avait de plus beau : la technique, la joie et la passion du jeu. Alors ce soir-là, devant cette raclée, nous étions beaucoup à être attristés, comme si on avait touché le cœur même du football.

C'EST PAS POSSIBLE !

JE CROIS, SANS EXAGÉRER, QUE LES DIX DERNIÈRES MINUTES DE CE MATCH SONT PARMI LES PLUS DINGUES QUE J'AI VÉCUES.

Dans un match cauchemardesque, le PSG a subi la remontée la plus vexante de l'histoire de la Ligue des champions.

Un véritable coup de tonnerre, l'impression de vivre un cauchemar. Ce sont ces sentiments-là que je garderai de cette soirée terrible, au cours de laquelle le PSG a vu s'envoler ses espoirs de titre européen au profit du Barça, soirée que l'on a appelée la Remontada. Quelques semaines auparavant pourtant, les Parisiens avaient proposé l'un des jeux les plus séduisants de leur histoire, en venant à bout des Blaugranas 4-0 au Parc des Princes. Une soirée rêvée, qui laissait augurer un match retour plein de sérénité. Mais cette soirée européenne de 2017 ne va pas se passer comme prévu. Car à l'issue d'un match cauchemardesque pour les Parisiens, mais surtout de dix dernières minutes qui ont basculé dans la folie, le Barça est finalement venu à bout des espoirs parisiens, sur un score fleuve de 6-1.

Une telle remontée était totalement inédite et sonna véritablement comme une humiliation, qui a largement traversé les frontières européennes. Je crois, sans exagérer, que les dix dernières minutes de ce match sont parmi les plus dingues que j'ai vécues. C'est simple : il était impossible de rester assis, alors qu'en quelques minutes à peine, le Barça inscrivait trois buts, pour retourner complètement la situation.

Les Catalans avaient pourtant prévenu avant le match, arguant qu'avec le maillot du Barça sur le dos, rien n'était impossible. Et ce soir-là, ils l'ont prouvé. Car malgré les différentes polémiques qui ont entouré l'arbitrage de cette rencontre, ce match restera dans la mémoire collective comme celui qui a rendu possible les retournements de situation les plus invraisemblables. Beaucoup de journalistes continuent d'en parler aujourd'hui et je suis d'accord avec eux : il y a eu un avant et un après cette remontada. Je reste intimement persuadé que sans ce match, nous n'aurions jamais pu vivre la finale de la Coupe du monde d'anthologie que les Bleus et les Argentins nous ont offert en 2022. Comme une sorte de ressort mental qui a été débloqué, la folie de ce match a traversé les années et a permis au football de devenir encore plus imprévisible qu'il ne l'était déjà. Pour toutes ces raisons, il est tout simplement impossible d'oublier la remontada.

THIS ONE'S FOR YOU

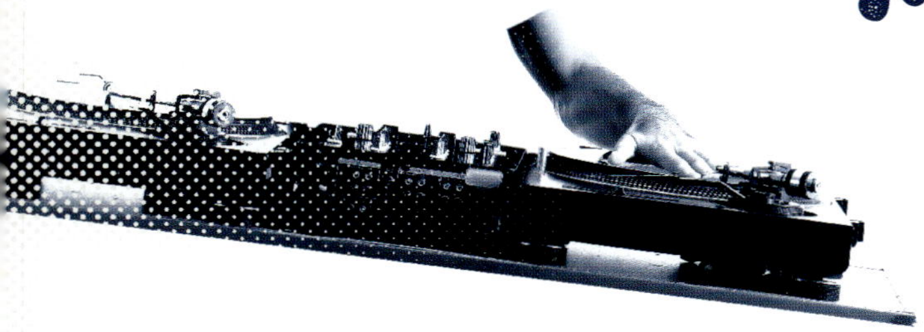

Alors que l'entrée de l'équipe de France dans son Euro tourne au vinaigre, Dimitri Payet délivre les supporters avec un but sublime face à la Roumanie.

C'est un moment suspendu dont je me souviens comme d'une madeleine de Proust. Lors de l'ouverture de l'Euro 2016 au Stade de France, les Bleus affrontaient la Roumanie dans un match qui semblait largement à notre portée. Mais jusqu'à quelques minutes avant la fin de la rencontre, tous les supporters français retenaient leur souffle, car rien ne s'était déroulé comme nous l'avions imaginé. La cohésion d'équipe avait eu du mal à prendre et notre jeu offensif, d'habitude flamboyant, s'était révélé assez inefficace. Mais c'était sans compter l'intervention d'un homme providentiel. Dimitri Payet s'emparait du ballon en dehors de la surface et d'une frappe surpuissante le projetait en pleine lucarne roumaine pour emmener les supporters français sur la route du succès dans cet Euro à la maison.

Pourquoi je me souviens de ce moment plus que tous les autres dans cette compétition ? À ce moment-là, alors que j'avais attendu avec impatience ce match d'ouverture, j'étais très déçu de notre prestation, et je pensais vraiment que ce match se terminerait par un score de parité, ou pire, sur une défaite. Alors, avec l'exploit de Payet, ma réaction a été à la hauteur d'un très grand moment de Coupe du monde. Car ce soir-là, le Réunionnais au parcours atypique et au toucher de balle si spécial montrait à tout le peuple français qu'il était capable de le faire se lever de son siège. Et puis il y a aussi une forme de nostalgie très forte qui entoure ce but. Un moment où toutes les stars du football étaient réunies dans notre pays pour nous faire vivre un été de football magique. Une compétition dont je garde de très bons souvenirs, malgré notre défaite en finale, car la beauté des matchs m'avait permis de vivre des vacances estivales passionnées.

Ce but de Dimitri Payet sera toujours associé à la chanson de la compétition composée par David Guetta : *This One's For You*. À la première écoute nous étions prévenus : cette compétition était la nôtre et nous allions vivre les plus belles émotions.

DIMITRI PAYET S'EMPARAIT DU BALLON EN DEHORS DE LA SURFACE ET D'UNE FRAPPE SURPUISSANTE LE PROJETAIT EN PLEINE LUCARNE ROUMAINE POUR EMMENER LES SUPPORTERS FRANÇAIS SUR LA ROUTE DU SUCCÈS DANS CET EURO À LA MAISON.

DEEEEEENEYYY

YYYY !

Lors d'un match de barrage pour accéder à la Premier League, un but de Troy Deeney délivre les siens à la dernière seconde.

Le 12 mai 2013, le club de la banlieue londonienne de Watford affrontait Leicester pour une place en finale des barrages vers la Premier League. De l'autre côté de la manche, monter en première division représente le graal absolu. Mais pour parvenir à cette récompense ultime, il faut venir à bout d'un championnat de 24 équipes et accéder à l'une des six premières places pour avoir une chance de toucher ce rêve du doigt.

Ce jour-là, nous sommes à la toute dernière seconde d'un match haletant, durant laquelle les Foxes vont avoir le penalty de la qualification au bout du pied. Le sort est quasiment scellé pour les joueurs de Watford. Mais le Français de Leicester Anthony Knockaert rate sa tentative. Tout porte à croire que le match va se terminer en prolongations. C'était sans compter la formidable rapidité du contre lancé par Watford, après le penalty manqué ! Tous les joueurs du club partent à l'assaut du but de Leicester et d'une frappe surpuissante, Troy Deeney conclut cette action sublime d'un but, qui va envoyer les supporters de Watford au septième ciel. Revoyez cette scène ! Mais que serait ce but sans le commentaire légendaire qui lui est associé ? Le commentateur anglais, qui hurle le nom de Troy Deeney dans son micro, m'a transporté jusqu'au Royaume-Uni. Malheureusement, à l'issue de cette demi-finale de barrage, Watford chutera face à Crystal Palace pour la montée en Premier League.

TOUS LES JOUEURS DU CLUB PARTENT À L'ASSAUT DU BUT DE LEICESTER ET D'UNE FRAPPE SURPUISSANTE, TROY DEENEY CONCLUT CETTE ACTION SUBLIME D'UN BUT, QUI VA ENVOYER LES SUPPORTERS DE WATFORD AU SEPTIÈME CIEL.

ANFIELD,

DEUX MIRACLES EN 24H

Si je ne devais me souvenir que d'un seul moment où le football a basculé devant mes yeux dans la folie, je serais obligé de citer l'édition 2019 de la Ligue des champions, durant laquelle nous avons pu vivre deux sacrés *plot twist* en moins de 24 heures. Alors que cette édition nous avait déjà gratifiés de plusieurs moments d'anthologie, les demi-finales allaient nous proposer un véritable *roller coaster* émotionnel. Deux matchs qui sont rentrés dans l'histoire pour leurs rebondissements exceptionnels et dont je me souviens comme si c'était hier.

LIGUE DES CHAMPIONS • STADE D'ANFIELD • 7 MAI 2019 • LIVERPOOL–FC BARCELONE

LE DOUZIÈME HOMME

Devancé de trois buts par le FC Barcelone, Liverpool est mal engagé. C'était sans compter la magie d'Anfield.

Le premier exploit de ces deux soirées uniques a eu lieu du côté d'Anfield. Quelques jours auparavant, nous avions été témoins au Camp Nou d'une démonstration de force de la part du FC Barcelone : alors que nous espérions un match équitable entre le club catalan et le club anglais en demi-finale aller de la Ligue des champions, l'équipe de Lionel Messi a littéralement marché sur celle de Jurgen Klopp. Avec un score de 3-0 en leur défaveur, il semblait tout bonnement impossible que les Reds s'en sortent.

Mais le soutien inconditionnel du public d'Anfield allait changer la donne. Dans leur enceinte mythique, les Anglais ont complètement renversé la situation. Le plus beau dans cette histoire, c'est que le héros du soir, personne ne l'attendait : un certain Divock Origi. Un joueur qui n'était jamais parvenu à s'imposer et qui est entré dans la légende des Reds. Buteur à la 7e minute, il allait récidiver pour le 4-0 à la 79e, sur un corner devenu mythique de Trent Alexander Arnold, Wijnaldum réussissant pour sa part un doublé en deux minutes (54e, 56e) pour compléter le score.

Quand je repense à ce match, je n'arrive toujours pas à croire que cela a pu arriver. Alors oui, depuis la Remontada subie par le PSG en 2017, tout était, semble-t-il, devenu possible dans le football. Mais Liverpool n'affrontait pas n'importe qui ce soir-là : en face, c'était le Barça du grand Léo Messi. Et pourtant, la fièvre d'un stade tout entier a rendu possible un come-back historique. Plus tard, on appellera ce match « le miracle d'Anfield ». Comme si quatorze ans plus tard, après un retournement de situation inespéré en finale de la Ligue des champions face au Milan AC, la magie du maillot rouge n'avait jamais cessé d'exister.

LE TRIPLÉ DE LUCAS MOURA

Lucas Moura offre à Tottenham la première finale de Ligue des champions de son histoire, grâce à un incroyable triplé.

Le second match de cet incroyable diptyque opposait deux équipes que personne n'attendait à ce niveau-là. Une demi-finale de Ligue des champions qui voyait s'affronter Tottenham, le célèbre club londonien au palmarès quasi vierge, et l'Ajax Amsterdam, l'équipe qui avait fait rêver l'Europe entière cette année-là par un football offensif et spectaculaire. Le choc donnait vraiment envie, et après une courte victoire de l'Ajax au match aller, tout était encore ouvert. Mais dès l'entame du match, les Néerlandais ont décidé de prendre les choses en main : après 45 minutes de jeu, l'Ajax avait déjà marqué deux buts et pointait désormais à trois longueurs du club anglais sur l'ensemble des deux matchs. Pour beaucoup c'en était fini de Tottenham. Mais cette saison de Ligue des champions allait encore nous réserver une surprise au scénario improbable.

L'ancien joueur du PSG Lucas Moura, dont l'adaptation s'était avérée compliquée dans le championnat anglais, nous a offert le match de sa vie en inscrivant un triplé historique en une seule mi-temps, dont un but à l'émotion folle à la toute dernière seconde. Grâce à lui, son équipe se qualifie pour la première fois en finale de la Ligue des champions. Je crois que cette soirée-là est une de celles où j'ai le plus ressenti mon amour pour le football. Nous venions de vivre un moment grandiose, la veille grâce à Liverpool et le lendemain, alors que personne ne s'était encore remis de ses émotions, un autre club anglais parvenait à nous surprendre pour rejoindre son homologue au sommet du football européen. Je n'ai jamais porté le club de Tottenham dans mon cœur, bien au contraire. Mais ce soir-là, le fan d'Arsenal que je suis n'a pas pu rester de marbre face à ce miracle. J'avoue, j'en ai eu des frissons.

NOUS VENIONS DE VIVRE UN MOMENT GRANDIOSE, LA VEILLE GRÂCE À LIVERPOOL ET LE LENDEMAIN, ALORS QUE PERSONNE NE S'ÉTAIT ENCORE REMIS DE SES ÉMOTIONS, UN AUTRE CLUB ANGLAIS PARVENAIT À NOUS SURPRENDRE POUR REJOINDRE SON HOMOLOGUE AU SOMMET DU FOOTBALL EUROPÉEN.

LES MOMENTS DRAMATIQUES

97

En 1989, 97 personnes ont perdu la vie dans une bousculade sanglante à l'occasion d'un match entre Liverpool et Nottingham Forest.

C'est un des événements les plus dramatiques de l'histoire du football. Une catastrophe, au sens premier du terme. Le 15 avril 1989, dans le stade de Hillsborough à Sheffield, 97 supporters de Liverpool ont perdu la vie dans une bousculade sanglante. Je me souviens très bien le jour où j'ai pris connaissance de cet événement dramatique. J'étais en train de visionner un documentaire très intéressant sur le sacre inespéré d'Arsenal à la dernière journée du championnat d'Angleterre en 1988-1989 et, en retraçant le déroulement de la saison, le réalisateur s'attardait sur cette fameuse demi-finale de coupe d'Angleterre, qui a été le lieu de la catastrophe. J'avoue que pendant plusieurs minutes j'ai été sonné, totalement incapable de réaliser que 97 personnes avaient pu perdre la vie, écrasées contre les barrières, alors qu'elles étaient venues en famille pour soutenir leur équipe.

Liverpool commémore depuis cette catastrophe, notamment en inscrivant dans le col de son maillot le numéro 97, pour continuer de faire perdurer la mémoire des 97 disparus de cette tragique nuit dans le Nord de l'Angleterre.

LIVERPOOL COMMÉMORE DEPUIS CETTE CATASTROPHE, NOTAMMENT EN INSCRIVANT DANS LE COL DE SON MAILLOT LE NUMÉRO 97.

DE BATTRE MON CŒUR S'EST ARRÊTÉ

En plein match de l'Euro 2020, la star de l'équipe danoise Christian Eriksen est victime d'un arrêt cardiaque sur le terrain.

DEVANT MA TÉLÉ, JE COMPRENDS RAPIDEMENT : QUELQUE CHOSE DE GRAVE EST EN TRAIN DE SE DÉROULER.

En plein cœur de l'Euro 2020, les supporters ont été témoins d'un terrible drame en direct. Ce jour-là, mon aventure sur les réseaux sociaux venait de commencer, et je partageais tous les jours ma joie de vivre cette compétition, au sortir d'une crise Covid qui nous avait privés de football pendant des mois. Je ne ratais aucun match. Mais lors du troisième match, tout a basculé. Dans une rencontre qui s'annonçait passionnante entre les voisins danois et finlandais, un événement d'une extrême gravité allait avoir lieu. Nous étions à la 43e minute et alors que la caméra était braquée sur lui, la star danoise de l'Inter Milan, Christian Eriksen, était victime d'un malaise. Devant ma télé, je comprends rapidement : quelque chose de grave est en train de se dérouler. J'espérais, comme tous les supporters présents dans le stade, le voir se relever rapidement, ou même sortir du terrain pour y être soigné.

Mais rien de tout cela n'est arrivé. Car le cœur de Christian Eriksen s'est arrêté. Mon cœur à moi bat la chamade. Tout autour du joueur, ses coéquipiers se sont massés pour tenter d'empêcher les supporters et les caméras d'entrer dans le cercle fermé des soigneurs. Sur le visage de ses coéquipiers, l'effroi. Une image que je n'oublierai jamais. Le capitaine de l'équipe, Simon Kjaer, va même consoler, les larmes aux yeux, la compagne d'Eriksen descendue sur le terrain pour assister à la scène. À ce moment-là, le monde du football s'est arrêté de tourner et après une bonne dizaine de minutes, tout le monde commence à croire qu'il ne se réveillera jamais.

Personnellement, je me souviens de ce moment comme de l'instant où le mythe du footballeur « surhomme » s'est effondré. J'ai compris à ce moment-là que malgré le statut de footballeurs de haut niveau, ceux-ci étaient en réalité tout aussi fragiles que le commun des mortels. Heureusement, l'issue de cette scène insupportable fut beaucoup plus heureuse. Grâce à l'intervention rapide et pleine de sang-froid des coéquipiers d'Eriksen et des soigneurs, le joueur est finalement revenu à la vie. Aujourd'hui le joueur danois fait à nouveau les beaux jours de sa sélection sur le terrain. Quant à moi, cet épisode me fait m'interroger sur la surexposition et la surexploitation des corps des joueurs de football, dans ce qui est devenu un spectacle globalisé où la santé des joueurs importe peu, face aux profits gargantuesques qu'ils génèrent.

LE PETIT ANGE

En 2017, une amitié est née entre le joueur de Sunderland Jermain Defoe et Bradley Lowery, un petit garçon atteint d'un cancer.

Il est rare que je sois ému aux larmes en retraçant une histoire de football sur mes réseaux, mais celle entre Jermain Defoe et Bradley Lowery m'a littéralement bouleversé. Nous sommes en février 2017 et, à l'occasion d'un événement de charité, le joueur anglais Jermain Defoe fait la connaissance d'un petit garçon : Bradley Lowery, qui souffre d'un cancer incurable. Jermain Defoe est son idole. L'histoire de Bradley va émouvoir le joueur de Sunderland, admiratif du courage incroyable dont il fait preuve. À tel point qu'une très belle amitié entre le joueur et le petit garçon va voir le jour. Jermain décide de l'inviter à tous les matchs du club, lui propose de partager des moments ensemble et lui offre même la chance de donner le coup d'envoi d'un match.

En juillet de la même année, la maladie a rattrapé Bradley. Mais jusqu'au dernier moment, son idole aura été à ses côtés pour lui permettre de vivre les derniers instants les plus joyeux possible. Defoe l'avouera en interview, c'est une amitié qu'il n'oubliera jamais. Malgré cette tragique conclusion, il décida de rendre un dernier hommage à son ami, en se faisant tatouer le prénom de Bradley sur la main, pour ne jamais oublier la leçon de vie extraordinaire que le petit garçon lui a donnée. Une des histoires les plus bouleversantes que le football ait pu nous offrir.

L'HISTOIRE DE BRADLEY VA ÉMOUVOIR LE JOUEUR DE SUNDERLAND, ADMIRATIF DU COURAGE INCROYABLE DONT IL FAIT PREUVE.

EMILIANO, EMILIANO,

Alors qu'il devait quitter le FC Nantes pour Cardiff, l'attaquant

QUAND JE REPENSE À CE DRAME, JE M'INTERROGE SUR LA PLACE QU'ON LAISSE À L'ÊTRE HUMAIN DANS CETTE MACHINE INFERNALE QU'EST DEVENU LE FOOTBALL.

EMILIANO SALA

Emiliano Sala disparaît tragiquement dans un accident d'avion.

C'est un événement que je n'oublierai jamais : la disparition du joueur nantais, Emiliano Sala. Le 21 janvier 2019, alors que l'attaquant argentin était en instance de départ vers Cardiff, il avait décidé de repasser une soirée avec les amis qu'il laissait derrière lui au FC Nantes. Là-bas, il avait marqué à la fois les joueurs, les supporters et le staff, par son sourire à toute épreuve. Mais après cette soirée d'adieu, la nuit a tourné au drame. Un avion de tourisme était spécialement affrété pour lui, mais les conditions météorologiques ont rendu la traversée de la Manche beaucoup plus compliquée que prévu.

Le lendemain matin, personne n'avait de nouvelles de l'avion qui transportait l'attaquant argentin. Je me souviens de cette période très douloureuse et stressante, durant laquelle tout le monde espérait une bonne nouvelle. Je n'avais vu jouer Emiliano Sala qu'à quelques reprises, mais sa bonhomie m'avait marqué. Régulièrement, je consultais les sites d'informations en ligne, en espérant avoir des nouvelles rassurantes. Mais les jours passaient, il était temps de se rendre à l'évidence : les chances de retrouver Emiliano Sala vivant étaient presque nulles et l'avion s'était probablement abîmé en mer. L'épave de l'avion sera d'ailleurs retrouvée quelques jours plus tard dans la Manche.

La Beaujoire rendra quelques jours plus tard un hommage déchirant au joueur disparu à 28 ans. On apprendra quelque temps plus tard que Sala n'avait pas du tout demandé son transfert. Il se sentait bien au FC Nantes, parmi ses amis, mais les volontés économiques de part et d'autre en avaient décidé autrement. Quand je repense à ce drame, je m'interroge sur la place qu'on laisse à l'être humain dans cette machine infernale qu'est devenu le football. Au milieu des tractations financières, c'est le destin d'un jeune homme à l'avenir prometteur que l'on a sacrifié.

IMAGINEZ : LE CLUB LE PLUS EN VUE DU PAYS QUI PERD HUIT JOUEURS PARMI SON ONZE DE DÉPART DANS UN ACCIDENT EN PLEIN MILIEU DE LA SAISON.

LA STÈLE D'OLD TRAFFORD

En 1958, l'équipe de Manchester United est endeuillée par un terrible drame : huit joueurs de leur effectif prometteur perdent la vie dans un crash d'avion.

C'est une histoire tragique dont j'ai compris l'importance après des années. Alors que j'étais aux abords d'Old Trafford, le stade de Manchester United, je découvrais pour la première fois cette enceinte mythique et j'avais décidé de lire tous les panneaux témoins de son illustre histoire, pour en comprendre l'importance dans la culture anglaise. Au cours de ce pèlerinage, une stèle le long du stade m'a interpellé. Une plaque qui rendait hommage à « la catastrophe de Munich ».

En 1958, alors que le club de Manchester était au sommet du football anglais et européen, les joueurs reviennent d'une rencontre de Coupe d'Europe face à l'Étoile rouge, disputée à Belgrade. Après une escale à Munich, l'avion s'est écrasé au décollage et fait huit victimes parmi les joueurs du club anglais. Imaginez : le club le plus en vue du pays qui perd huit joueurs parmi son onze de départ dans un accident en plein milieu de la saison. Je n'ose même pas imaginer ce qu'ont dû ressentir les supporters à ce moment-là. Moi, en tout cas, je suis tombé de haut en découvrant cette histoire. Une preuve que l'histoire du football doit continuer à être racontée, y compris ses événements les plus tragiques. Le football aussi doit s'attacher à un devoir de mémoire.

LES PELUCHES DE BESIKTAS

Après un tremblement de terre qui a endeuillé la Turquie, les supporters de Besiktas lancent des milliers de peluches sur le terrain pour les enfants du pays.

Le 6 février 2023, la Turquie et la Syrie ont connu un tremblement de terre sans précédent qui a ravagé les deux pays et fait de nombreuses victimes. Le monde du football en a également subi les conséquences. De nombreux joueurs ont perdu la vie dans les décombres, à l'image de l'ancienne gloire de Newcastle, Christian Atsu. Le bon déroulement des compétitions de football a également été stoppé net.

Vingt jours après la catastrophe, alors que la Turquie peinait encore à se relever, les supporters de Besiktas, un des clubs emblématiques du pays, ont décidé de rendre un hommage vibrant à leurs victimes. Ils sont convaincus que le retour du football doit permettre à leurs enfants de retrouver le sourire. Alors, au bout de 4 minutes et 17 secondes de match, coïncidant avec l'heure exacte du début du séisme, tous les supporters du stade jettent à l'unisson des centaines de peluches et de jouets sur la pelouse du stade. Alors que quelques jours auparavant nous étions tous frappés par cette catastrophe, les supporters ont inventé une parenthèse émerveillée. La communion populaire a permis à tout un chacun d'oublier un instant la brutalité de la réalité. Un moment de poésie rare. Je n'étais pas dans l'enceinte ce soir-là mais ces peluches qui virevoltaient dans un stade rempli d'émotion me rappellent pourquoi j'aime autant le football. Au-delà des rivalités partisanes, il possède plus que tout autre sport une vertu essentielle : nous rassembler.

SÜPERLIG • TÜPRAS STADYUMU • 26 FÉVRIER 2023 • BESIKTAS-ANTALYASPOR

LA COMMUNION POPULAIRE A PERMIS À TOUT UN CHACUN D'OUBLIER UN INSTANT LA BRUTALITÉ DE LA RÉALITÉ.

UNE ERREUR FATALE

Après un but contre son camp qui a précipité l'élimination de la Colombie durant la Coupe du monde, le défenseur Andrés Escobar est assassiné.

Alors que la Colombie faisait face aux États-Unis lors du deuxième match de poule de la Coupe du monde 1994, la sélection d'Amérique du Sud n'avait pas le droit à l'erreur. Une défaite provoquerait leur élimination du Mondial. À la 34e minute de jeu, le défenseur colombien Andrés Escobar contre malencontreusement le ballon sur un centre puissant, et l'expédie dans ses propres filets. Défaite. Élimination. C'est une terrible désillusion pour cette nation ambitieuse.

Lorsqu'ils rentrent chez eux, les joueurs colombiens sont conspués dans tout le pays. Quant à Andrés Escobar, le défenseur coupable du CSC, alors qu'il sort d'une boîte de nuit, il est interpellé par des clients qui l'ont reconnu. Après une altercation musclée, le joueur de football est abattu sur le parking par deux narcotrafiquants. Un simple match de football lui a coûté la vie. Après avoir découvert cette histoire il y a quelques années, je dois avouer que je n'en reviens toujours pas et je me dis que la célèbre formule de Bill Shankly prend un sens que le légendaire entraîneur de Liverpool n'avait peut-être pas imaginé : « Le football n'est pas une question de vie ou de mort, c'est quelque chose de bien plus important que ça. »

Parfois, les supporters de football accordent une telle importance à ce sport que les conséquences d'une simple erreur sur le terrain peuvent tourner au drame. Bien sûr, ce genre de situation est très rare, mais témoigne de la très grande violence qui peut avoir lieu dans les tribunes de football et en dehors.

UN DRAME SUR LA PELOUSE

En plein match de Coupe des confédérations 2003, le joueur camerounais Marc-Vivien Foé perd la vie.

C'est ce qui peut arriver de pire dans un match de football : voir un joueur perdre la vie sur le terrain. Au stade de Gerland à Lyon pour une demi-finale qui s'annonçait grandiose entre le Cameroun et la Colombie, la fête des supporters camerounais battait son plein en tribunes après l'ouverture du score de leur équipe à la 9e minute de jeu. Le match a basculé à la 72e minute. Sur une action a priori anodine, Marc-Vivien Foé, le joueur franco-camerounais passé par Lens et l'OL, s'écroulait subitement sur le terrain. Pendant de longs instants, personne ne s'est rendu compte que la situation était très grave. Mais c'est après l'intervention tardive des secours et plus de 45 minutes à tenter de le réanimer que la nouvelle a fini par tomber : Foé avait perdu la vie à la suite d'un arrêt cardiaque. Je n'imagine pas à quel point le choc a dû être puissant à l'époque. Car pour avoir vécu l'arrêt cardiaque de Christian Eriksen lors de l'Euro 2020, qui a heureusement abouti sur une fin plus heureuse, je comprends le choc d'assister à la perte d'un joueur en plein match. Ce drame est resté dans les mémoires et le prix Marc-Vivien Foé, créé par RFI, récompense le meilleur joueur africain en Ligue 1.

JE N'IMAGINE PAS À QUEL POINT LE CHOC A DÛ ÊTRE PUISSANT À L'ÉPOQUE.

Le plus beau des hommages pour le joueur a eu lieu quelques jours plus tard, lorsqu'avec un courage infini, les coéquipiers de Foé ont décidé de jouer la finale de la Coupe des confédérations, malgré la peine immense qu'ils devaient ressentir: parce que selon eux, c'est ce qu'il aurait voulu…

LA CATASTROPHE DE FURIANI

Lors d'un match de Coupe de France, une tribune du stade s'effondre et ôte la vie à 19 personnes.

Une catastrophe. Comment nommer autrement le drame qui a eu lieu le 5 mai 1992 à Bastia ? Une demi-finale de Coupe de France avait lieu dans le stade de Furiani et opposait ce soir-là le club local, le SC Bastia, à l'Olympique de Marseille. Mais ce qui devait être une simple rencontre pour rejoindre la finale de la compétition a basculé brusquement à 20 h 23, à quelques minutes seulement du coup d'envoi. Celui-ci n'aura jamais lieu. Une tribune remplie de supporters mais aussi de journalistes s'effondre. Cet accident fera plus de 2 000 blessés et coûtera la vie à 19 personnes. À ce jour, il s'agit du plus grand drame que le football français n'ait jamais connu et j'avoue qu'encore aujourd'hui cela m'émeut toujours autant de savoir qu'il y a quelques années des passionnés de football ont perdu la vie en venant voir un simple match.

Après une enquête approfondie, les autorités se sont rendu compte que la sécurité de la tribune n'avait pas été assurée, car elle reposait sur des piliers en bois qui ont cédé sous la pression du public. Ce drame changera pour

toujours notre rapport à la sécurité dans les stades, des enceintes qui sont bien plus contrôlées aujourd'hui. Mais le 5 mai est devenu pour le football français un jour de commémoration très important, pour se rappeler de cette triste soirée où des amoureux du ballon rond ne sont jamais rentrés chez eux. Il s'agit à coup sûr d'une des soirées les plus tristes de notre sport, mais heureusement depuis, les instances du football sont parvenues à garantir la sécurité dans les stades et faire en sorte que ce type d'accident ne puisse jamais plus se reproduire.

À CE JOUR, IL S'AGIT DU PLUS GRAND DRAME QUE LE FOOTBALL FRANÇAIS N'AIT JAMAIS CONNU.

LES MOMENTS D'EXTASE

SUR LE TOIT

Un soir d'été 2018 à Moscou, l'équipe de France est montée sur le toit du monde pour la deuxième fois, permettant à tout un pays de s'embraser.

La fête, partout. Des supporters qui se prennent dans les bras, des drapeaux français qui volent au vent, des klaxons jusqu'au bout de la nuit… Un souvenir que mes parents m'ont raconté des centaines de fois. Des bribes d'un été 1998, durant lequel l'équipe de France avait permis pour la première fois au football français de monter sur le toit du monde. Comme beaucoup de ma génération, ce souvenir que je n'ai pas vécu mais avec lequel j'ai grandi a instillé en moi une forme de regret, celui de ne pas avoir eu la chance de vivre ce grand moment. Voilà pourquoi la Coupe du monde 2018 a été si importante à mes yeux. Bien sûr, la beauté de notre football de cet été-là y a grandement participé. Notre défense de fer constituée de Varane et Umtiti, notre milieu de terrain de rêve avec Pogba et Kanté, mais aussi la révélation de la compétition : Kylian Mbappé.

DU MONDE

AU COUP DE SIFFLET FINAL, PERCHÉ SUR LES ÉPAULES DE MON MEILLEUR AMI SUR LE CHAMP-DE-MARS NOIR DE MONDE, J'OBSERVAIS, ÉMU AUX LARMES, L'EXTASE D'UN PEUPLE FRANÇAIS UNI DERRIÈRE CETTE ÉQUIPE.

Je me suis passionnément attaché à ces joueurs et ils ont participé à rendre indélébile cette compétition. Car après la conclusion d'une finale plutôt faible en intensité et avare en émotion, c'est la communion qui en a suivi qui restera gravée en moi pour l'éternité. Au coup de sifflet final, perché sur les épaules de mon meilleur ami sur le Champ-de-Mars noir de monde, j'observais, ému aux larmes, l'extase d'un peuple français uni derrière cette équipe. Un mélange de joie, de fierté mais surtout la sensation d'assister enfin à ce que l'on m'avait décrit tant de fois dans mon enfance. Ce genre de moment suspendu où la magie du football permet d'oublier tous les problèmes du quotidien. Il n'y a qu'une victoire en finale de la Coupe du monde pour provoquer ça. Bien sûr, la fête a continué sur les Champs-Élysées, j'y ai rencontré des inconnus qui sont devenus des amis et cette nuit est entrée pour toujours dans mes souvenirs, parmi ceux les plus heureux que j'ai pu vivre. Un bonheur éternel.

LE RETOUR DU ROI

De retour à Arsenal, Thierry Henry délivre son club avec un but dont lui seul a le secret, et fait se lever l'Emirates Stadium tout entier.

Ce que j'ai vécu en 2012, en tant que supporter d'Arsenal, est un moment que je n'oublierai jamais. Le 6 janvier 2012, alors que la légende des Gunners Thierry Henry coule des jours heureux aux Red Bull de New York, la pause dans le championnat américain lui permet de revenir dans son club de cœur pendant deux mois. La nouvelle est accueillie avec stupeur et mesure par les supporters : la légende est de retour, mais, à 34 ans, est-elle encore capable d'émerveiller les foules ?

Les sceptiques auront leur réponse à peine trois jours plus tard. Dans un match de coupe face à Leeds, le légendaire numéro 14, désormais porteur du numéro 12, entre en jeu dans les dernières minutes d'un match cadenassé dont le score est toujours nul. L'Emirates Stadium tout entier lui réserve un accueil des grands soirs. Thierry Henry va les remercier de la plus belle des manières. Après seulement dix minutes, en récupérant le ballon d'une passe en profondeur d'Alexandre Song, Henry emmène tous les supporters dans une machine à remonter le temps.

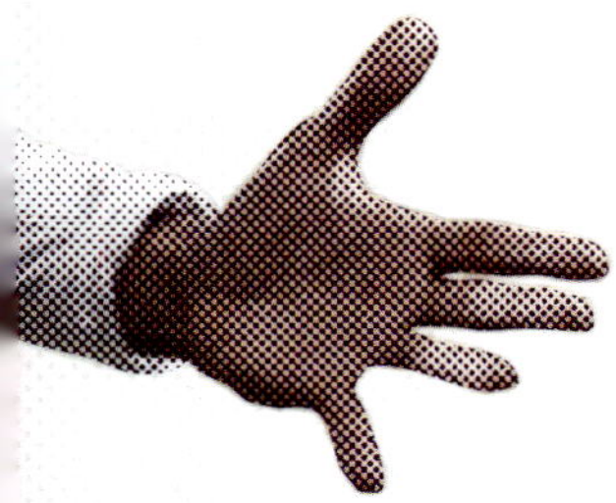

LA NOUVELLE EST ACCUEILLIE AVEC STUPEUR ET MESURE PAR LES SUPPORTERS : LA LÉGENDE EST DE RETOUR, MAIS, À 34 ANS, EST-ELLE ENCORE CAPABLE D'ÉMERVEILLER LES FOULES ?

Comme si rien n'avait changé, il contrôle le ballon et, d'un tir enroulé croisé du pied droit, sa spéciale, un geste répété si souvent qu'il avait conduit en 2022 les Gunners au titre de champion face au grand rival, Tottenham, trompe le gardien adverse. Le stade entier est euphorique : après cinq longues années loin des siens, Thierry Henry vient à nouveau de délivrer Arsenal : la preuve que les légendes ne meurent jamais.

LA JOIE DES LIONS

Opposés à une excellente équipe égyptienne, les Sénégalais remportent enfin en 2022 la première Coupe d'Afrique de leur histoire.

Le peuple sénégalais attendait depuis des années un sacre à la CAN. Alors, en 2022, après une compétition exceptionnelle, les Lions de la Terenga remportent le titre continental. Quelle joie ! J'avoue que j'ai depuis longtemps un attachement particulier pour cette équipe car elle a toujours possédé des joueurs exceptionnels, au comportement exemplaire. Je pense forcément à Sadio Mané, un joueur qui a reçu le premier prix du fair-play décerné par *France Football*, pour son engagement humanitaire.

Alors, ce 6 février 2022, au bout du suspense et à la fin d'une séance de tirs au but irrespirable, les Sénégalais l'ont fait. Ils ont rendu fier tout un pays en venant à bout des favoris de la compétition et plus grand palmarès du continent : l'Égypte de Mohamed Salah. Ce genre d'histoire, c'est ce qui me rend profondément fier d'aimer le football car même si ce sport est parfois source d'injustice, il arrive qu'il récompense le courage et la détermination par un succès mérité. Il était temps !

CE GENRE D'HISTOIRE, C'EST CE QUI ME REND PROFONDÉMENT FIER D'AIMER LE FOOTBALL.

À JAMAIS LES PREMIERS

Grâce à un but décisif en finale de la Ligue des champions, Basile Boli permet à l'OM d'être le premier club français à remporter une Coupe d'Europe.

EST-CE QU'À L'ÉPOQUE EN INSCRIVANT CE BUT, BOLI S'ATTENDAIT À REPRÉSENTER À LUI SEUL LE PALMARÈS FRANÇAIS ACTUEL EN C1 ?

S'il fallait ne garder qu'un seul but, ce serait sûrement celui-là. Cette tête marseillaise, qui parvient à monter au-dessus de toutes les autres, pour offrir au peuple marseillais un bonheur éternel. Ce but si important inscrit par Basile Boli un soir d'été, 1993, six ans avant ma naissance, il fait partie de moi. Il incarne tout à la fois la fierté et la malédiction du football français en Europe.

La fierté d'abord, parce qu'il incarne la première Ligue des champions remportée par un club de l'Hexagone face au grand Milan, peut-être l'une des plus grandes formations de l'histoire. Personne n'a oublié ce moment. Aussi parce que, depuis, aucun club français n'a réussi à faire aussi bien. Même si les Lyonnais de Jean-Michel Aulas ont impressionné l'Europe dans les années 2000 et que le PSG version qatari est passé très proche en 2020, rien n'y fait, nous n'y arrivons pas.

Les raisons sont multiples mais elles ne font que renforcer l'importance culturelle et historique du sacre marseillais. Un sacre encore unique, qui n'aurait jamais eu lieu sans cette tête décisive de Basile Boli. Est-ce qu'à l'époque en inscrivant ce but, Boli s'attendait à représenter à lui seul le palmarès français actuel en C1 ? Sûrement pas.

UN TITRE SUR LE

En 1989, Arsenal remporte le titre au terme d'un dernier match haletant face aux Reds de Liverpool.

C'est un retournement de situation que le football ne nous avait pas offert depuis longtemps. Nous sommes en 1989 et la saison bat son plein dans le championnat anglais. Dans les années 1980, une équipe est au-dessus de toutes les autres : celle que l'on surnommera « le grand Liverpool ». Les Reds marchent littéralement sur l'eau dans leur championnat, mais aussi en Coupe d'Europe. Mais cette année-là, une équipe va venir défier leur leadership : Arsenal. Les Gunners traversent une période plutôt moyenne de leur histoire, mais l'arrivée d'un nouveau coach va tout changer. Son nom : Georges Graham. Le jeune technicien anglais va totalement révolutionner le club, en recrutant de jeunes joueurs prometteurs au lieu des vieux briscards du club londonien. Et la formule va prendre. À tel point qu'à la mi-saison, les canonniers font la course en tête. Le seul problème c'est que l'équipe de Liverpool a beaucoup plus d'expérience et de profondeur de banc. La bataille est rude, mais à trois journées de la fin, les Gunners ont la possibilité de passer devant leur rival. Contre toute attente, ils se trouent à deux reprises, une défaite face à Derby County puis un match nul contre Wimbledon permettent aux Reds de repasser trois points devant eux avant la dernière journée. Il reste cependant une dernière cartouche. Un dernier match. Mais pas contre n'importe quel adversaire.

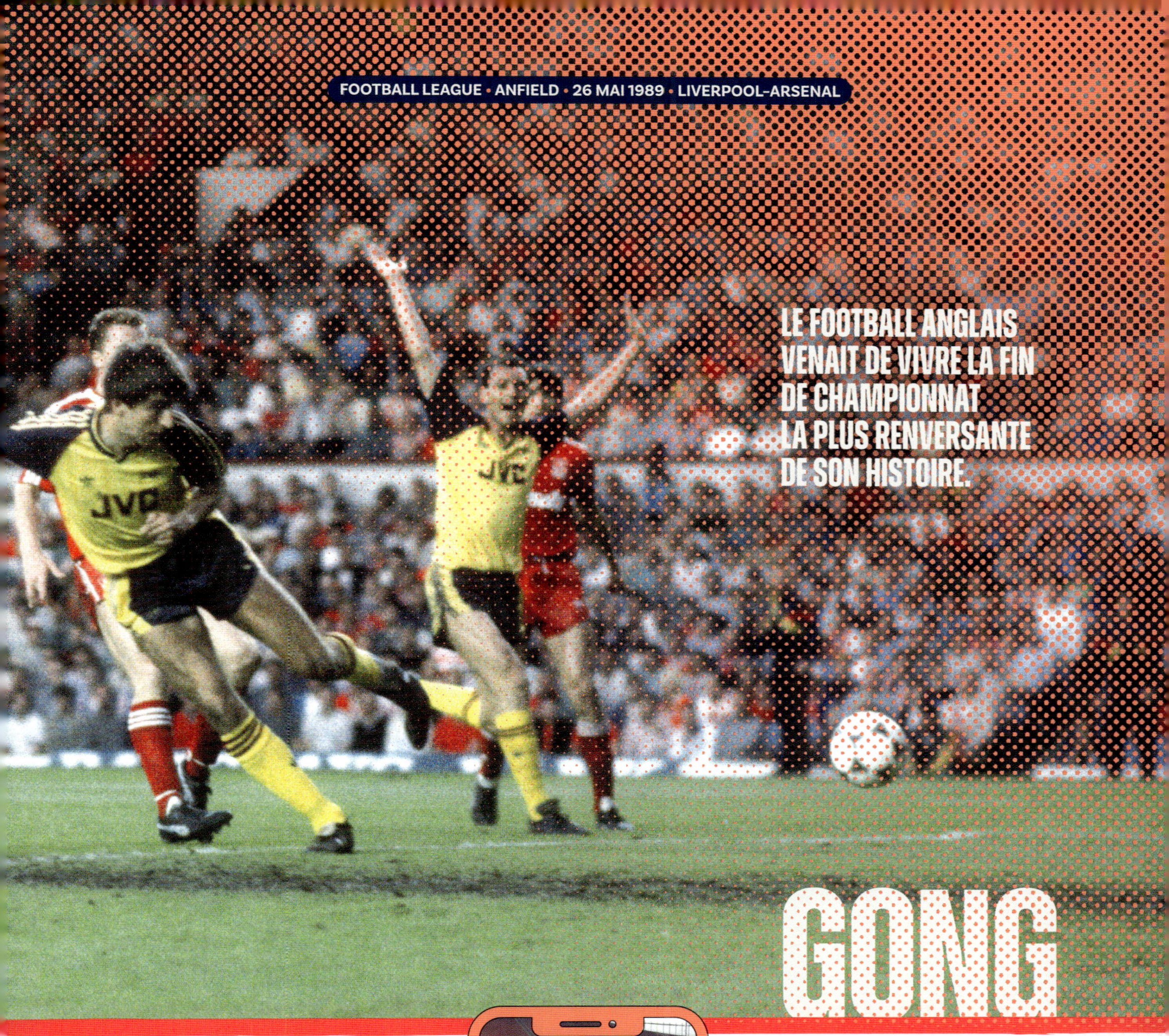

FOOTBALL LEAGUE • ANFIELD • 26 MAI 1989 • LIVERPOOL-ARSENAL

GONG

LE FOOTBALL ANGLAIS VENAIT DE VIVRE LA FIN DE CHAMPIONNAT LA PLUS RENVERSANTE DE SON HISTOIRE.

La 38e journée voit les Gunners affronter Liverpool, à Anfield, la forteresse des Reds. Une sorte de finale de rêve pour clore le championnat. Arsenal, pour avoir une chance de remporter le titre, doit absolument gagner avec deux buts d'écart. Une mission presque impossible. Après une première période où aucune des deux équipes n'a réussi à prendre l'ascendant sur son adversaire, à la 53e minute, l'avant-centre des Gunners, Alan Smith, ouvre le score. Tout est relancé. Il reste encore un pion à inscrire et Liverpool le sait. Alors Kenny Dalglish, leur coach légendaire de l'époque, va demander à ses joueurs de mettre le bus. Mais, dans les toutes dernières secondes, Michael Thomas marque et fait basculer dans la folie les supporters d'Arsenal qui avaient fait le déplacement depuis Londres. 2-0 pour Arsenal. Le football anglais venait de vivre la fin de championnat la plus renversante de son histoire. J'ai découvert cette histoire dans un documentaire, qui m'a permis de revivre cette épopée inattendue, et cela prouve bien à quel point les grands exploits du football peuvent continuer de nous toucher, même des décennies plus tard.

istanbul
GOAL

L.F.C

AMSTEL

LE BONHEUR D'ISTANBUL

Mené de trois buts à la mi-temps en finale de la Ligue des champions, Liverpool a renversé la situation pour remporter le trophée au bout du suspense.

La finale de la Ligue des champions 2005, qui a vu s'affronter Liverpool et l'AC Milan, est une des raisons qui m'ont fait aimer le football. Comment imaginer qu'une équipe accusant un retard de trois buts à la mi-temps puisse remonter la pente et finir par s'imposer ? Ce soir-là, les Reds de Liverpool l'ont fait. On est en 2005 et à ce moment-là, le Milan AC est au sommet du football européen. C'est une équipe constituée d'immenses joueurs, qui possède une expérience des grands rendez-vous. Et après avoir éliminé Manchester United, l'Inter Milan et le PSV Eindhoven, ils parviennent à se hisser en finale de la Ligue des champions. Face à eux, Liverpool, un adversaire qui semble alors largement à leur portée, avec un effectif plus modeste sur le papier et un parcours chaotique qui les a vus se qualifier grâce à un petit but en demi-finale face à Chelsea.

Après une première mi-temps à sens unique, le score est sans appel : 3-0. Mais, durant la mi-temps, les joueurs de Liverpool entendent les Milanais rigoler dans le vestiaire et célébrer leur victoire par anticipation. C'est l'occasion de sonner la révolte pour l'entraîneur français de Liverpool, Gérard Houllier. Dès le retour sur le terrain, le capitaine Steven Gerrard ouvre la voie à un improbable comeback, puis Smicer et enfin Xabi Alonso inscrivent deux autres buts en à peine six minutes, synonymes de prolongations puis de tirs au but. Psychologiquement, les Italiens sont anéantis et Dudek, le gardien des Reds, sort le grand jeu durant la séance.

C'EST L'OCCASION DE SONNER LA RÉVOLTE POUR L'ENTRAÎNEUR FRANÇAIS DE LIVERPOOL, GÉRARD HOULLIER.

Ce sacre, qui a été qualifié de miracle, n'en est pas véritablement un. Ce match, qui a eu pour moi l'effet d'une étincelle, celle qui a embrasé ma passion pour le football, montre que rien n'est jamais joué en sport, et en foot particulièrement. C'est aussi pour cela qu'il suscite tant de passion.

AGÜEROO

Grâce à un but à la dernière minute lors de la 38e journée, Sergio Agüero permet à Manchester City de remporter le titre de champion d'Angleterre attendu depuis 44 ans.

Nous sommes à la 38e journée du championnat d'Angleterre et cela fait plus de 44 ans que les supporters bleu ciel de Manchester n'ont plus connu le sommet du championnat. Cette fois-ci les planètes semblent alignées pour y parvenir. Il ne leur suffit que d'une victoire face aux Queens Park Rangers à domicile, pour que le rêve de tous les supporters puisse enfin se réaliser. Le problème c'est qu'à la 86e minute, le résultat est loin d'être suffisant pour parvenir à réaliser cet exploit, puisque le score du match affiche 2-1 pour les visiteurs, et il faudrait un miracle et deux buts inscrits dans les dernières minutes pour que la tendance s'inverse. C'est justement à ce moment-là que ce match va basculer dans la folie. D'abord grâce à un très beau but

OOOOOOO

SERGIO AGÜERO RÉCUPÈRE LE BALLON ET, D'UNE FRAPPE SURPUISSANTE, LE PROPULSE DANS LE BUT ADVERSE. LE STADE EXPLOSE !

d'Edin Dzeko à la 91e, redonnant espoir à tout le stade qui commençait à ne plus y croire. La suite va achever de marquer l'histoire du football.

Il ne reste plus que quelques secondes. De l'autre côté des Pennines, Manchester United l'a emporté contre Sunderland, et les joueurs attendent sur la pelouse de célébrer leur titre. Certains ont même commencé à se congratuler. C'est alors que Sergio Agüero récupère le ballon et, d'une frappe surpuissante, le propulse dans le but adverse. Le stade explose ! Ce but dans les derniers instants permet à son club de repasser à la première place du championnat. Sergio Agüero vient d'offrir à ses coéquipiers et tous les supporters un titre tant espéré dans une enceinte rugissante. Cette issue, digne d'un scénario hollywoodien, n'a pas d'équivalent dans l'histoire récente du football. Elle a marqué pour toujours les fans et initié une nouvelle ère, celle de la suprématie de Manchester City en Premier League. Historique.

LA MAGIE DE REGRAGUI

Lors de la Coupe du monde 2022, le Maroc de Walid Regragui réussit la plus belle prestation d'une équipe africaine dans la compétition.

S'il ne devait y avoir qu'une équipe à retenir du Mondial 2022, cela serait très certainement le Maroc. En Coupe du monde, les sélections africaines se sont toujours habituées à jouer les seconds rôles. Mais en 2022, le peuple marocain a vécu un moment d'histoire. Malgré un groupe extrêmement difficile composé du Canada, mais surtout des très expérimentés Croates et Belges, les Marocains parviennent à se hisser en huitièmes de finale. Ils ont réussi leur pari et ont éliminé la Belgique de la compétition. Le peuple marocain est déjà au septième ciel, mais l'histoire n'est pas terminée.

Au tour suivant, les Lions de l'Atlas sont confrontés à une équipe européenne historique : l'Espagne. Encore une fois, ils vont tenir tête à leur adversaire de la plus belle des manières. Ils décrochent le match nul jusqu'au bout des prolongations et finissent par l'emporter aux tirs au but. Le sélectionneur marocain Walid Regragui est parvenu à faire déjouer son adversaire grâce à une défense de fer. Mais la prochaine étape va s'annoncer encore plus difficile : ils devront faire face au Portugal de Cristiano Ronaldo en quarts de finale. Je me souviens très bien qu'à ce stade de la compétition, j'étais persuadé que le Maroc allait sortir du Mondial, convaincu que leur parcours était déjà historique et qu'ils pourraient sortir la tête haute aux portes du dernier carré. Mais comme beaucoup, je me trompais. Car le technicien marocain va remettre le couvert et faire encore une fois chavirer le cœur de ses supporters, et dans la stupeur générale, grâce à un but d'En-Nesry à la 42e minute de jeu, le Maroc parvient à se qualifier pour une demi-finale de Coupe du monde face à l'équipe de France. Deux cultures puissamment entremêlées se retrouvent l'une face à l'autre à quelques minutes d'une place en finale.

Certains commentateurs avaient prédit un embrasement. Mais le football leur a répondu de la meilleure des manières. Car malgré la fin du rêve et l'élimination des hommes de Regragui par deux buts d'écart, on a assisté à une fête populaire. J'étais sur les Champs-Élysées ce soir-là et je dois dire que voir les drapeaux marocains et français mélangés, les supporters des deux pays se prendre dans leurs bras, reste pour moi un souvenir indélébile. L'histoire retiendra qu'au-delà de ses exploits sportifs, ce moment aura été une fête, celle du football et de ses valeurs, capables de réunir les peuples autour de la passion du ballon rond.

L'HISTOIRE RETIENDRA QU'AU-DELÀ DE SES EXPLOITS SPORTIFS, CE MOMENT AURA ÉTÉ UNE FÊTE, CELLE DU FOOTBALL ET DE SES VALEURS, CAPABLES DE RÉUNIR LES PEUPLES AUTOUR DE LA PASSION DU BALLON ROND.

LES MOMENTS DE HONTE

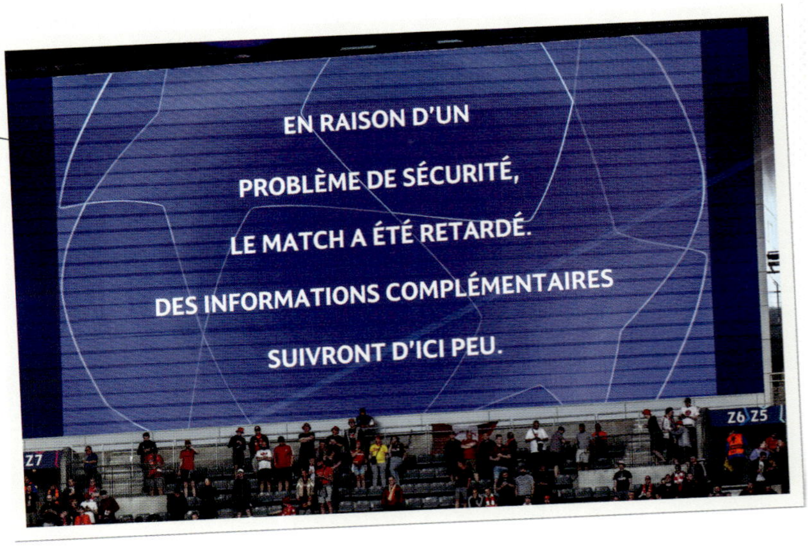

LE CAUCHEMAR DU STADE DE FRANCE

La finale de la Ligue des champions 2022, organisée dans la précipitation à Paris, a tourné au cauchemar pour les supporters anglais venus y assister.

En 2022, la finale de la Ligue des champions a tourné au drame. Cela devait être une fête magnifique. Alors que l'événement devait initialement se tenir à Saint-Pétersbourg, le retour de la guerre en Europe lors de l'invasion russe en Ukraine a bouleversé toutes les prévisions. En coulisses, les autorités françaises ont milité fortement pour pousser la candidature du Stade de France. Une enceinte de plus de 80 000 places qui n'avait plus accueilli la grand-messe du football européen depuis 2006. La nouvelle est finalement tombée : à la suite de l'appui d'Emmanuel Macron lui-même, Paris allait accueillir en juin les joueurs du Real Madrid et de Liverpool pour décerner la 67e Ligue des champions de l'histoire. La soirée va virer au cauchemar.

Alors que les fans des deux clubs arrivaient en nombre autour de l'enceinte de Saint-Denis, tout a complètement échappé aux organisateurs. Pour entrer dans le stade, il fallait scanner chacun des billets au portique d'entrée, mais rapidement ceux-ci ont été noyés sous une foule de supporters anglais dont les billets, possiblement falsifiés, n'étaient pas validés lors du scan. La police, essayant tant bien que mal de contenir la foule, a vraisemblablement fait un usage excessif de la force. Pendant ce temps-là, des dizaines de personnes cagoulées, issues des quartiers environnants du stade, en ont profité pour faire les poches des supporters anglais, alors en état de panique. En d'autres termes, c'était le chaos. Ce match qui aurait dû s'illustrer comme une fête du foot s'est transformé en incident aux portées médiatiques internationales. Le plus triste dans cette histoire, c'est que le match lui-même aura été impacté. Plus de 30 minutes de décalage du coup d'envoi et au final un match bien terne remporté 1-0 par les coéquipiers de Karim Benzema. La fête n'était même pas sur le terrain. Le pire, c'est que des années après les catastrophes terribles vécues dans les stades d'outre-Manche, les supporters anglais ont vu leurs pires souvenirs resurgir à la surface. Une chose est sûre : il faudra beaucoup de temps pour réussir à guérir et panser les blessures de cette soirée.

CE MATCH QUI AURAIT DÛ S'ILLUSTRER COMME UNE FÊTE DU FOOT S'EST TRANSFORMÉ EN INCIDENT AUX PORTÉES MÉDIATIQUES INTERNATIONALES.

COUPE DU MONDE • FOXBORO STADIUM • 25 JUIN 1994 • ARGENTINE-NIGERIA

LA TRISTE SORTIE D'EL PIBE DE ORO

Pour son dernier match en Coupe du monde, Maradona quitte la pelouse, escorté par une infirmière, vers un contrôle antidopage qui lui coûtera sa carrière.

La dernière image de Maradona sur un terrain de football en Coupe du monde est une des plus tristes de l'histoire de la compétition. En 2019, un documentaire passionnant, signé Asif Kapadia, est sorti sur les écrans dans le monde entier : un film intitulé *Maradona*, qui avait pour ambition d'expliquer la légende de ce joueur exceptionnel à l'aide d'images d'archives que personne n'avait jamais vues. Je suis allé voir le film, ce fut une évidence : Maradona est probablement le personnage le plus passionnant du foot contemporain. En 1994, il s'avançait vers son troisième Mondial d'affilée.

Le problème, c'est qu'à ce moment-là, le génie argentin, revenu jouer au pays aux Newell's Old Boys, avait été rattrapé par ses démons, la cocaïne et tant d'autres addictions. Après un premier match très réussi, durant lequel il inscrit un but contre la Grèce, et une très belle victoire de son équipe face au Nigeria, encore dans l'euphorie de la victoire, une infirmière vient le chercher directement sur le terrain pour le confronter à un test antidopage. L'infirmière américaine qui le prend par la main pour l'emmener vers le vestiaire sera la dernière image que l'on aura de Maradona sur un terrain du Mondial. Quelques minutes plus tard, la nouvelle tombe : contrôlé positif, Maradona est suspendu et ne jouera plus jamais pour représenter son pays. La légende de certains champions passe aussi par ces moments de honte qui ont forgé leur réputation.

LIGUE 1 • STADE MICHEL MORETTI • 3 JUIN 2023 • AJACCIO-OLYMPIQUE DE MARSEILLE

LE PETIT KENZO

Au cours d'un match, un jeune supporter et sa famille sont violemment agressés.

C'est le genre d'image que l'on aimerait ne jamais voir dans un stade de football. En 2023, Kenzo, un petit garçon atteint d'un cancer, était venu voir un match à Ajaccio accompagné de sa famille. Un grand moment pour lui car il allait enfin assister à un match de l'Olympique de Marseille, son équipe favorite.

Dans la loge où ils étaient installés, le père de Kenzo arborait fièrement un maillot de l'OM, ce qui n'a pas du tout plu à des supporters ajacciens qui ont décidé de faire irruption dans la loge et agresser les parents du petit garçon.

Forcément, les réactions ont été nombreuses après cet incident, jusqu'au président de la République lui-même et un procès qui a lourdement condamné les trois imbéciles qui ont dérapé ce soir-là. Comment le football peut-il arriver à nous diviser à ce point alors qu'il est au départ un simple jeu destiné à nous divertir ? J'avoue que je n'ai pas la réponse à cette question et que malgré mon incompréhension, je reste révolté par ce qui est arrivé à ce petit garçon au cours de ce match de Ligue 1. L'animosité qui règne entre certains clubs, cette rivalité qui fait partie du sport, personne ne devrait tolérer qu'elle dévie à ce point.

LA ZIZANIE AU PARC OL

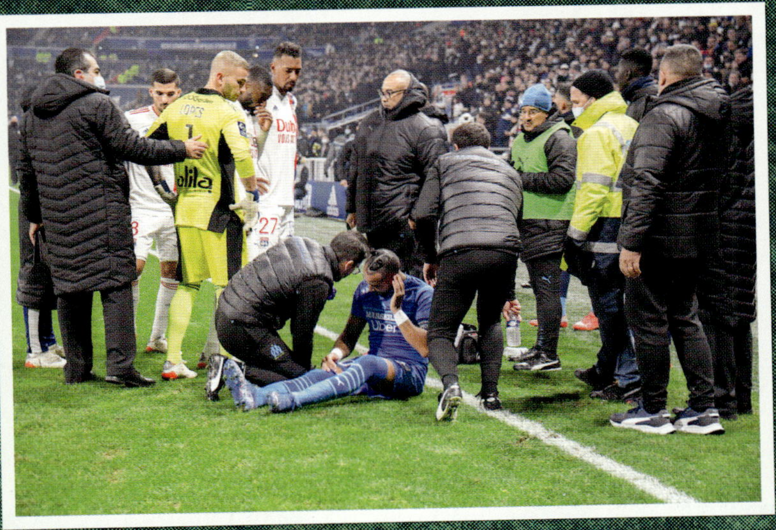

POUR LE SUPPORTER DE FOOTBALL QUE JE SUIS, UN SEUL SENTIMENT PRÉDOMINE SUR TOUS LES AUTRES : LA HONTE PROFONDE QUE M'INSPIRENT DE TELS ACTES.

Le match entre l'OL et l'OM venait de commencer, lorsqu'un supporter lyonnais balance une bouteille d'eau sur Dimitri Payet.

La honte ! Je ne pense pas qu'il y ait un sentiment plus prompt à décrire ce que j'ai ressenti lors du match entre l'Olympique Lyonnais et l'Olympique de Marseille, le 21 novembre 2021. À peine une dizaine de minutes après le coup d'envoi, et alors que les Marseillais étaient sur le point de tirer leur premier corner, Dimitri Payet était victime d'une agression de la part des tribunes. Un supporter lyonnais lui jetait une bouteille d'eau en plein visage. J'étais dans les travées du stade, stupéfait, comme la majorité du public. Habituellement le jeu reprend assez rapidement, mais là, on sentait que c'était spécial. Pour les joueurs et pour le corps arbitral c'en était trop, et ces derniers ont préféré arrêter la rencontre plutôt que de risquer un embrasement. On était alors en 2021, et en 2023 encore, la violence a monté d'un cran. Lors de la même rencontre, un OM-OL, mais cette fois-ci au stade Vélodrome, le bus des joueurs et du staff lyonnais était victime d'un caillassage d'une violence extrême. Une attaque sans précédent, qui avait blessé au visage l'entraîneur lyonnais de l'époque, Fabio Grosso.

Mais comment le football en est-il arrivé là ? Pour le supporter de football que je suis, un seul sentiment prédomine sur tous les autres : la honte profonde que m'inspirent de tels actes. En outre, cela jette l'opprobre sur tous ceux qui aiment de près ou de loin le football. Cette question de la violence dans les stades sera à coup sûr une des grandes problématiques du football dans les années à venir.

ÇA VA TROP LOIN !

Lors de son retour au Vélodrome sous le maillot du rival lyonnais, Mathieu Valbuena est représenté sur une potence dans les tribunes.

Il y a des moments où les supporters de football dépassent les limites, comme dans les tribunes du stade Vélodrome en 2015. Durant l'été, l'ancien joueur marseillais Mathieu Valbuena sortait d'une saison en dents de scie du côté de Moscou. Après son départ de la cité phocéenne, il avait cru bon de s'exiler en Russie pour tenter de donner un nouveau souffle à sa carrière. Cette expérience se soldera par un échec, mais une proposition inattendue lui permettra de se relancer. Le rival de l'Olympique de Marseille, l'OL de Jean-Michel Aulas, propose de le faire signer. Au milieu des années 2010, la rivalité entre les deux olympiques commençait à s'exacerber. C'est ainsi que le 11 août 2015, Mathieu Valbuena signe un contrat de trois ans en faveur de l'Olympique Lyonnais. Il n'en fallait pas plus pour mettre le feu aux poudres. Les supporters marseillais voient cette décision comme une trahison et le 20 septembre 2015,

lorsque l'OL se déplace au stade Vélodrome, le comportement des supporters olympiens va dépasser toutes les limites. Mathieu Valbuena est insulté durant tout le match et des pancartes hostiles sont visibles partout dans le stade. Le plus choquant ? Une effigie du joueur est représentée sur une potence. Quelle horreur ! Malgré les rivalités footballistiques, personne n'était jamais allé jusque-là.

Les supporters concernés écoperont de prison avec sursis et l'OM subira une interdiction de virage pendant deux matchs consécutifs. Ce jour-là, les supporters ont été trop loin. L'injustice profonde, c'est que Mathieu Valbuena n'y était pour rien : lui qui n'a fait que suivre les opportunités sportives qui s'ouvraient à lui pour continuer sa carrière. Il en parlera d'ailleurs des années plus tard : cet événement l'a profondément traumatisé. Comment en arriver à des menaces de mort envers un joueur de foot ? J'avoue que je n'ai pas la réponse à cette question, mais le supporter de football que je suis garde un profond sentiment de honte vis-à-vis de ce qui s'est produit ce soir-là au stade Vélodrome.

QUELLE HORREUR ! MALGRÉ LES RIVALITÉS FOOTBALLISTIQUES, PERSONNE N'ÉTAIT JAMAIS ALLÉ JUSQUE-LÀ.

BLOOD SPORT

Insulté par un fan dans les tribunes lors d'un match de Premier League, Éric Cantona pète les plombs et lui assène un coup de pied façon kung-fu.

Aujourd'hui, quand on parle des coups de sang les plus spectaculaires de l'histoire du football, il est impossible de ne pas penser au coup de pied qu'Éric Cantona a asséné à un supporter qui l'avait insulté durant tout le match. L'image est saisissante. Une agression d'une violence inouïe qui symbolise l'énigme Cantona, celle d'un joueur au caractère incandescent, prêt à bondir sur ses adversaires et ne laissant jamais personne lui manquer de respect.

Ce geste ne serait pas resté aussi célèbre sans les conséquences qui ont suivi. Après ce dérapage, le Marseillais sera banni de toute compétition de football pendant plus d'un an. Et comme un symbole de son importance capitale dans le jeu des Red Devils de l'époque, Manchester United, qui venait de glaner le titre de champion d'Angleterre, a dû attendre la fin de suspension de son « King » pour retrouver les sommets du football anglais. Aucun geste n'aurait pu mieux décrire la complexité de ce joueur légendaire.

UN JOUEUR AU CARACTÈRE INCANDESCENT, PRÊT À BONDIR SUR SES ADVERSAIRES ET NE LAISSANT JAMAIS QUICONQUE LUI MANQUER DE RESPECT.

TERMINUS, TOUT LE MONDE DESCEND !

Après une altercation entre Nicolas Anelka et Raymond Domenech, le groupe bleu implose durant le Mondial 2010 et les joueurs refusent de s'entraîner.

DE CE MOMENT, IL NE RESTE QUE LA HONTE. ET TOUTES CES ANNÉES N'ONT PAS RÉUSSI À LA GOMMER.

Quatre ans s'étaient écoulés depuis la déception immense et la finale perdue face à l'Italie, dans laquelle Zinédine Zidane avait tiré sa révérence et j'espérais voir l'équipe de France nous faire rêver à nouveau. Mes espoirs ont rapidement tourné au cauchemar. Après un début de compétition catastrophique et une altercation entre Nicolas Anelka et le sélectionneur Raymond Domenech, les joueurs de l'équipe de France sont mis en grève pour protester contre l'éviction d'Anelka. Près de quinze ans plus tard, il m'est toujours aussi difficile de revoir ces images. Celle de Raymond Domenech, l'air hagard, se rapprocher des journalistes pour leur lire la lettre des joueurs, qui refusent de descendre du car pour aller s'entraîner à quelques heures seulement d'un match de Coupe du monde. De ce moment, il ne reste que la honte. Et toutes ces années n'ont pas réussi à la gommer.

Cette Coupe du monde restera pour les Bleus un véritable fiasco, soldé par leur élimination dès les phases de poules de la compétition. Encore aujourd'hui, cet épisode du car est à ranger du côté des moments les plus embarrassants du sport français. Mais avec le recul, j'ai fini par trouver un point positif à ce chapitre noir de notre histoire sportive. Je pense que cette situation nous a permis d'effectuer un redémarrage complet à l'orée des années 2010. Les joueurs qui avaient fait la gloire des Bleus au début du XXIe siècle laissaient la place à une nouvelle génération, et la Coupe du monde 2014 qui suivit fut le point de départ d'une toute nouvelle ère, qui allait nous mener à la gloire en 2018. Alors je ne vais pas aller jusqu'à dire que ce moment était nécessaire, mais avec le temps, je crois que j'ai fini par accepter que nous devions en passer par là : vivre la plus grande honte de notre histoire, pour nous réinventer, et enfin renaître de nos cendres.

LES MOMENTS DE FRISSONS

« APRÈS AVOIR VU ÇA,

ON PEUT MOURIR TRANQUILLE »

Alors que l'équipe de France vient de remporter sa première Coupe du monde, le commentateur Thierry Roland laisse exploser sa joie dans une tirade mythique.

Je ne fais pas partie de ceux qui ont vécu France 98 en direct. Pourtant, certains mots qui ont été prononcés ce soir-là continuent de résonner en moi aujourd'hui. Nous sommes le 12 juillet 1998. C'est la finale de la Coupe du monde organisée en France et c'est la première fois que les Bleus parviennent à se hisser tout en haut de la compétition.

DE CETTE SOIRÉE, JE NE RETIENS QUE LES MOTS D'UN HOMME : THIERRY ROLAND, LE COMMENTATEUR ATTITRÉ DES MATCHS DE L'ÉQUIPE DE FRANCE SUR TF1.

Au départ, à part les joueurs, personne n'y croyait vraiment. La presse et le public ont pris du temps avant de s'attacher aux joueurs qui ont participé à cette épopée. La phase de poule a été plus que compliquée et il aura fallu de grands sursauts individuels pour venir à bout des matchs à élimination directe. Mais en finale, l'équipe de France va définitivement entrer dans la légende. Dans un Stade de France en ébullition, les Bleus n'ont pas seulement remporté leur première étoile, ils l'ont fait avec panache (3-0), comblant plus de 50 millions de Français. De cette soirée, je ne retiens que les mots d'un homme : Thierry Roland, le commentateur attitré des matchs de l'équipe de France sur TF1.

Au coup de sifflet final, bouleversé par l'émotion d'un événement qu'il avait attendu toute sa vie, Thierry redevient un supporter. Dans une tirade devenue culte, il fait éclater sa joie en déclamant tout son amour pour cette équipe, les larmes aux yeux. Ces mots, ceux que n'importe quel supporter aurait pu prononcer, me touchent toujours. C'était un moment de partage.

UN HÉROS SANS CAPE

ENCORE AUJOURD'HUI, VOUS DÉCRIRE CETTE SCÈNE ME DONNE DES FRISSONS.

Le gardien de Cadix se précipite en tribunes pour sauver un supporter victime d'un arrêt cardiaque.

Le FC Barcelone et Cadix s'affrontent en Liga. À la 81e minute, alors que le Barça mène 2-0, l'arbitre se rend compte qu'un supporter vient de faire un malaise cardiaque dans les travées du stade Nuevo Mirandilla. Une équipe médicale se précipite pour tenter de lui sauver la vie. Mais les secours n'ont pas de défibrillateur. Le gardien de Cadix, Jeremias Ledesma, qui connaît le stade et sait où il y en a un, court le récupérer et traverse le terrain à toute allure vers le gradin dans lequel les soigneurs s'étaient rassemblés. Encore aujourd'hui, vous décrire cette scène me donne des frissons. Grâce à cette intervention, le supporter sera réanimé. Jeremias lui a sauvé la vie et ce geste héroïque restera pour toujours dans ma mémoire et dans l'histoire du championnat espagnol.

LES PREMIERS SECOURS

Quand un joueur sauve la vie de son adversaire.

Le 27 février 2023, Luka Lochoshvili a reçu le prix du fair-play de la FIFA. Ce prix est décerné au plus beau geste de la saison sur un terrain de football et cette année-là, il n'y avait aucun doute possible : c'était bel et bien celui du joueur géorgien. En plein match de Bundesliga autrichienne, le défenseur assiste à un choc brutal entre deux joueurs. Le joueur de Vienne Georg Teigl reste inconscient sur la pelouse et il est sur le point d'avaler sa langue. Son adversaire de Wolfsberg, Luka Lochoshvili, vient aussitôt à son secours pour dégager ses voies respiratoires et l'empêcher de s'étouffer.

Lochoshvili a sauvé la vie de son adversaire. Une très belle histoire qui m'avait énormément ému car c'est un symbole magnifique. C'est l'incarnation des valeurs du sport.

C'EST UN SYMBOLE MAGNIFIQUE. C'EST L'INCARNATION DES VALEURS DU SPORT.

LE MAILLOT DE FEKIR

En plein cœur d'un derby très tendu entre l'OL et Saint-Étienne, Nabil Fekir marque le but du 5-0 pour les Gones et célèbre, maillot en main, face au kop stéphanois.

Pour avoir vécu dans la cité lyonnaise pendant plus de trois ans, je peux dire que j'ai eu la chance d'être témoin de la rivalité sportive la plus forte de notre championnat. Ce face-à-face entre une ville riche et bourgeoise et une ville ouvrière plus modeste distante d'environ 60 km, a atteint des sommets de tension. Longtemps, les Verts ont dominé le football français et montré l'exemple en Coupe d'Europe. L'arrivée à la présidence de l'OL de Jean-Michel Aulas dans les années 1980 va rebattre les cartes et, dans les années 2000, c'est l'OL qui va prendre le large, tandis que les supporters des deux équipes en viennent à se détester.

En 2015, dans un derby comme toujours très tendu à Geoffroy Guichard, l'Olympique Lyonnais est étincelant et parvient facilement à dominer son rival. Les buts s'enchaînent et la beauté du jeu lyonnais tient quasiment à un homme : le milieu de terrain et meneur de jeu Nabil Fekir. Ce soir-là, il expose toute l'étendue de son talent. Mais, après avoir marqué le but du 5-0, il retire son maillot et se dirige vers les supporters des Verts. Durant toute la rencontre, il avait été sifflé et insulté par les Stéphanois et il décide de leur brandir ce maillot de l'OL. Aussitôt, le terrain est envahi, la rencontre ne reprendra que 45 minutes plus tard. Fekir écope d'un carton jaune et entre pour toujours dans le cœur des supporters lyonnais.

POUR TOUS LES SUPPORTERS, FEKIR ÉTAIT DEVENU UNE ICÔNE, LE JOUEUR QUI INCARNAIT L'IDENTITÉ ET LA FIERTÉ DE TOUTE UNE VILLE.

À cette époque-là, j'habitais à Lyon, et toute la ville ne parlait que de ce maillot tourné vers les fans stéphanois. Ce geste, après cette victoire écrasante, était le symbole ultime que la bataille avait été remportée par l'OL. Et pour tous les supporters, Fekir était devenu une icône, le joueur qui incarnait l'identité et la fierté de toute une ville. Encore aujourd'hui, j'en ai des frissons. Mais pas sûr que les supporters stéphanois soient du même avis...

« JE VOUS AIME ! »

« C'EST JUSTE BEAU, C'EST JUSTE VOTRE VIE. »

Le TFC est aux portes de la relégation mais quelques minutes avant de rentrer sur le terrain, le discours de l'entraîneur Pascal Dupraz va tout changer.

En 2016, les mots d'un entraîneur m'ont touché en plein cœur. Pascal Dupraz, alors entraîneur du Toulouse Football Club, a accepté d'accueillir les caméras de Canal+ au moment le plus important de la saison : le dernier match du championnat, celui qui allait sceller le sort du club toulousain, aux portes de la relégation. Alors qu'ils ont réussi à relever la tête lors des derniers matchs, il ne leur suffit que d'une victoire pour entériner leur maintien. Pascal Dupraz convoque ses joueurs avant le match pour une dernière causerie. Mais au lieu du traditionnel discours guerrier, il se met à nu. Et il prévient d'entrée : « Je vais vous dire ce que peu de coachs disent : je vous aime. »

Dupraz n'est plus l'entraîneur, le supérieur hiérarchique des acteurs sur le terrain, il est comme eux, un fou de foot qui ne veut pas voir son club descendre en L2. Pourquoi ne voit-on pas plus d'images comme celles-là ? Chaque fois que je revois ce moment, je ne peux m'empêcher de lâcher une larme. « C'est juste beau, c'est juste votre vie. » Dupraz a réussi son pari. Dans une rencontre complètement folle, le TFC est parvenu à se maintenir sur le fil. Alors forcément, beaucoup ont pensé que la tirade de l'entraîneur toulousain y était pour quelque chose. Je le crois aussi.

LE SAUVEUR

Alors que la France est menée 1-0 en demi-finale de la Coupe du monde, Lilian Thuram inscrit un doublé inespéré.

Dans l'imaginaire collectif, dont le mien, Thuram était un roc, solide, fiable. Mais ce soir-là, une erreur de marquage coûte cher à l'équipe de France, en permettant aux Croates d'ouvrir le score. Avant ce match, l'ancien joueur de la Juventus ironisait sur le fait qu'il n'avait jamais marqué le moindre but dans sa carrière en bleu. Tellement investi dans la mission de revenir au score après sa propre erreur, le défenseur central, d'habitude très bas sur le terrain, va multiplier les projections vers l'avant. Quelques secondes à peine après le but encaissé par les Bleus, Thuram inscrit son premier but en équipe de France et remet les siens dans le droit chemin. Puis, d'une frappe puissante de l'extérieur de la surface, il inscrit un doublé inespéré qui mènera son équipe pour la première fois en finale de la Coupe du monde. Ce que je retiens de cette histoire, c'est avant tout la célébration. Thuram qui se retrouve sur les genoux, le doigt sur la bouche comme si lui-même ne savait pas quel mot prononcer pour expliquer ce miracle. Assurément un des moments les plus forts que l'on a pu vivre avec l'équipe de France en Coupe du monde, surtout lorsqu'on sait ce qu'il s'est passé ensuite…

THURAM QUI SE RETROUVE SUR LES GENOUX, LE DOIGT SUR LA BOUCHE COMME SI LUI-MÊME NE SAVAIT PAS QUEL MOT PRONONCER POUR EXPLIQUER CE MIRACLE.

UN TICKET POUR LE BRÉSIL

Lors d'un match de barrage suffoquant, Mamadou Sakho inscrit un doublé et libère le Stade de France.

SAKHO QUI N'EN REVIENT PAS, QUI OUVRE SES BRAS AVEC UNE ÉMOTION NON DISSIMULÉE SUR LE VISAGE, ET QU'IL PARTAGE AVEC UN STADE ENTIER.

Dans l'histoire de l'équipe de France, Lilian Thuram n'est pas le seul défenseur qui est parvenu à se transcender pour sauver son équipe. Un autre joueur l'a fait : Mamadou Sakho. Le 19 novembre 2013, l'équipe de France s'apprête à disputer un match couperet : un match de barrage contre l'Ukraine dont l'issue déterminera si les Bleus s'envoleront vers le Brésil pour la Coupe du monde 2014. Au match aller, les Bleus se sont effondrés 2-0 et seule une victoire nette et sans bavure pourra leur permettre de renverser la tendance.

Dans un Stade de France plein à craquer, les Bleus partent à l'assaut du but ukrainien et ce soir-là, Mamadou Sakho inscrit son premier but en équipe de France. Les supporters dans le stade entrevoient alors l'espoir d'une qualification, mais le match n'est pas terminé. Laissé sur le banc à l'aller, Karim Benzema inscrit un deuxième but. Il en faut un troisième pour aller au Brésil. Et à la surprise générale, c'est une nouvelle fois Mamadou Sakho, d'un doublé qui rappelle évidemment Lilian Thuram en 1998, qui envoie les siens vers une Coupe du monde tant espérée.

Le clin d'œil va même plus loin que ça, car depuis cette fameuse demi-finale de la Coupe du monde, aucun autre défenseur français n'était parvenu à marquer un doublé sous le maillot bleu. Encore une fois, c'est la célébration du joueur qui reste dans toutes les têtes : Sakho qui n'en revient pas, qui ouvre ses bras avec une émotion non dissimulée sur le visage, et qu'il partage avec un stade entier. Un moment qui gardera une place très importante dans l'histoire récente des Bleus, car sans cette Coupe du monde 2014, durant laquelle Deschamps aura lancé une nouvelle génération, jamais les Bleus ne seraient remontés sur le toit du monde en 2018. Alors pour tout ça, merci Mamadou Sakho.

RANDAL CAUCHEMAR MUANI

JE ME REJOUE LA SCÈNE EN ME DEMANDANT : QU'EST-CE QUI SE SERAIT PASSÉ SI KOLO MUANI AVAIT CROCHETÉ LE GARDIEN ?

Alors qu'il avait le ballon de la victoire au bout du pied en finale de la Coupe du monde 2022, Randal Kolo Muani rate son face-à-face avec Emiliano Martínez.

Il m'arrive très souvent de rêver encore de ce moment : revoir cet instant crucial où Randal Kolo Muani reçoit le ballon aux abords de la surface avant de tirer de toutes ses forces vers le but argentin. Rêver bien sûr que la fin soit différente et imaginer, dans ces secondes suspendues, que le ballon finira bien par entrer dans les filets. Ce n'est pas ce qui est arrivé. Dans le temps additionnel de cette finale de Coupe du monde épuisante, durant laquelle les Bleus de Didier Deschamps sont revenus de nulle part grâce à un Kylian Mbappé tout simplement surhumain, Kolo Muani a eu le ballon de la victoire française dans les pieds. Sur sa route se tenait un des meilleurs gardiens du monde : Emiliano Martínez.

Il est parfois assez trompeur de désigner une action comme le tournant du match, mais dans ce cas-là, il n'y a aucun doute possible. La bascule de la rencontre se situait bien là. Je me rejoue la scène en me demandant : qu'est-ce qui se serait passé si Kolo Muani avait crocheté le gardien ? Aurait-il pu marquer s'il avait choisi l'autre côté ? Avait-il la possibilité de faire une passe ? Si je l'avais en face de moi, j'aurais envie de lui poser toutes ces questions. Mais même si la réalité est difficile à avaler, ce moment appartient au passé, et on ne pourra jamais rien y changer. Ce geste rejoint la longue liste des rendez-vous manqués en équipe de France, qui sont si difficiles à oublier : le tir au but de David Trezeguet qui a fini sur la barre en finale de la Coupe du monde 2006, celui de Mbappé à l'Euro 2020 provoquant notre élimination par la Suisse, et bien sûr la frappe sur le poteau de Gignac, qui nous a privés de la victoire à l'Euro 2016. Autant de regrets qu'il va falloir un jour digérer.

LES MOMENTS DE TRISTESSE

« OH NON, ZINÉDINE, PAS ÇA, PAS AUJOURD'HUI... PAS MAINTENANT ! »

En 2006, Thierry Gilardi accompagne les derniers instants de la carrière de Zinédine Zidane avec des mots qui résonnent encore en chacun de nous.

Quand j'étais petit, ma première rencontre avec le football a été la Coupe du monde 2006. J'ai découvert cette année-là la beauté du sport qui allait devenir ma vocation. Mais j'ai aussi rencontré mon idole, celui qui allait me donner envie de parler de football tous les jours, d'en faire ma vie. Cet homme, c'est Thierry Gilardi. Pour ceux qui n'ont pas eu la chance de le connaître, Thierry c'était la voix du football d'abord sur Canal+ puis pour l'équipe de France sur TF1. En 2006, lors de la Coupe du monde en Allemagne, c'est lui qui était chargé d'accompagner les Bleus et de commenter toutes leurs rencontres. Je n'oublierai jamais sa voix.

Sa grande force, au-delà de son expérience extraordinaire et de sa profonde connaissance de ce sport qu'il aimait tant, c'était sa capacité à trouver les mots justes au bon moment. Je me souviens d'un aspect très particulier de la personnalité de Thierry Gilardi : quand il parlait de l'équipe de France, on sentait une très grande tendresse, comme s'il aimait profondément les joueurs dont il décrivait les exploits. L'exemple parfait, c'est ce commentaire, indissociable de la carrière du commentateur, lors du premier but de Franck Ribéry en équipe de France. Nous étions en plein cœur d'un huitième de finale entre la France et l'Espagne et Ribéry récupérait le ballon pour partir à la conquête du but, accompagné par les mots de Thierry Gilardi : « Vas-y mon petit ! » C'était ça le talent de Thierry, sa capacité à se mettre à notre place mais aussi celle des joueurs, et vivre les rencontres comme un passionné parmi tant d'autres.

Mais c'est en finale que sa voix va entrer dans la légende. Cette fois-ci, le moment est beaucoup

moins joyeux. Zinédine Zidane vient d'asséner un coup de tête ravageur sur le torse de Marco Materazzi. Et encore une fois, Gilardi ne se contente pas de décrire ce qu'il se passe. « Oh non Zinédine, pas ça, pas maintenant, pas après tout ce que tu as fait ! » L'incompréhension, la colère, la honte, la stupéfaction ; aucun mot ne peut décrire précisément l'émotion de ce moment mais Thierry Gilardi trouve les mots pour nous. Il n'y a aucun jugement dans ses propos, simplement une tristesse infinie de voir ce joueur qui nous a tant fait rêver raccrocher les crampons de cette façon. À ce moment-là, le petit garçon que je suis est en train de vivre sa première grande tristesse sportive, mais en même temps, ce match et les mots de Gilardi m'ont marqué pour toujours. Ce jour-là, j'ai compris qu'un journaliste pouvait véritablement aider le public à vivre le football, que le rôle du commentateur était essentiel à l'expérience d'un match et à la transmission des émotions. Et quand quelques mois plus tard à peine, Thierry Gilardi nous quittait prématurément à 49 ans, je me faisais une promesse : je lui rendrai hommage un jour d'une manière ou d'une autre.

À CE MOMENT-LÀ, LE PETIT GARÇON QUE JE SUIS EST EN TRAIN DE VIVRE SA PREMIÈRE GRANDE TRISTESSE SPORTIVE, MAIS EN MÊME TEMPS, CE MATCH ET LES MOTS DE GILARDI M'ONT MARQUÉ POUR TOUJOURS.

USA
FIFA
FIFA Women's World Cup France 2019™
adidas

QUELLE TRISTESSE DE LA VOIR EN LARMES, BLESSÉE, SUR LE BANC POUR SA DERNIÈRE SORTIE !

LES ADIEUX D'UNE ICÔNE

En finale du championnat américain, le dernier match de Megan Rapinoe a fini en queue de poisson.

Cela aurait dû être les adieux rêvés d'une icône au monde du football. Le 11 novembre 2023, la légende américaine du football Megan Rapinoe annonçait que la finale du championnat américain serait son dernier match. Après une carrière remplie de gloire et de trophées (on parle tout de même de deux Coupes du monde, une médaille d'or olympique et un Ballon d'Or), Rapinoe était devenue un véritable symbole de la lutte pour les minorités et son impact a largement dépassé les frontières américaines. J'avais eu la chance de la voir à l'œuvre lors de la demi-finale de la Coupe du monde 2019 organisée en France et son talent m'avait émerveillé.

Elle pouvait terminer sa carrière sportive par un dernier titre, alors j'avais décidé de regarder ce match, conscient qu'une page très importante du football féminin était sur le point de se tourner. Mais après seulement six minutes de jeu, la joueuse de l'OL Reign glisse et se blesse. Quelle tristesse de la voir en larmes, blessée, sur le banc pour sa dernière sortie ! Pour couronner le tout, ses coéquipières n'ont pas réussi à décrocher le titre.

BECKHAM
32
AMARA

LIGUE 1 • PARC DES PRINCES • 18 MAI 2013 • PSG-STADE BRESTOIS

THE LAST GOODBYE

Lors du dernier match de sa carrière, maillot du PSG sur le dos, David Beckham fait son dernier tour de piste sous l'ovation du Parc des Princes.

Le visage de David Beckham, qui vient de comprendre que son temps sur le terrain est révolu, est une image toujours aussi bouleversante. En 2013, le PSG vient à peine d'être racheté par QSI, lorsqu'un miracle a lieu pour tous les supporters français : une légende du foot, le milieu de terrain magique de Manchester United et du Real, David Beckham, va effectuer sa dernière année de carrière du côté de la capitale française. À l'époque, c'était un événement qui dépassait largement le monde du ballon rond. Au final, cette aventure s'est soldée par un titre de champion, mais très peu de moments iconiques pour le joueur anglais sous le maillot parisien. En fait, je n'en retiens qu'un seul : le dernier. Pour son ultime rencontre en tant que joueur de football, lorsque son changement est annoncé par l'arbitre assistant, Beckham jette un œil vers le banc de touche et les larmes commencent à couler sur son visage. Il en est conscient : il est en train de vivre ses derniers instants sur le rectangle vert.

Tous les sportifs parlent de la fin de carrière comme d'une petite mort. Assister à ce chant du cygne de Beckham m'a profondément ému. Car les caméras de Canal+, qui se rapprochent le plus possible de son visage, nous permettent de nous plonger dans la force de cet instant. Que ressent-il à ce moment-là ? C'est la question que je me suis toujours posée. Alors que les larmes lui montent, ses coéquipiers se rapprochent de lui pour le féliciter et tout le stade se lève pour rendre hommage à une carrière qui aura marqué le monde du football. Bien sûr, l'histoire entre Beckham et le foot ne s'est pas arrêtée là, et il a pris les rênes de l'Inter Miami quelques années après pour continuer d'écrire son histoire, cette fois-ci en tant que dirigeant.

ENCORE AUJOURD'HUI, IL M'EST IMPOSSIBLE DE LE REVOIR SANS VERSER QUELQUES LARMES.

LES LARMES DU SPECIAL ONE

Alors qu'il vient de remporter la Ligue des champions avec l'Inter, José Mourinho quitte le stade en catimini. Jusqu'à ce qu'il croise un de ses joueurs.

C'est assurément un des personnages les plus clivants du football mondial. Depuis ses débuts d'entraîneur au Portugal, José Mourinho a toujours énormément divisé la communauté des supporters de football. Si certains le voient comme un génie du coaching, assorti d'une personnalité haute en couleurs, d'autres ne voient en lui qu'un entraîneur polémique, qui a su profiter de son aura pour entraîner les plus grandes équipes du monde et enchaîner les trophées. Mais, justement, s'il y a bien quelque chose qu'on ne peut pas lui enlever, c'est sa capacité à remporter les titres partout où il est passé.

Encore aujourd'hui, j'ai du mal à statuer autour du Special One. Mais il y a un moment dans sa carrière qui m'a profondément remué. Je l'ai découvert en regardant la série *Secrets de coachs* sur Netflix, dans un épisode qui lui est entièrement consacré. Alors que Mourinho venait de réaliser un exploit monumental en soulevant la Ligue des champions avec l'Inter Milan, ses bagages sont déjà faits et le soir même, il quitte en catimini son groupe pour rejoindre le Real Madrid. Les bruits de couloir étaient nombreux, mais la surprise a été grande pour les supporters, comme pour les joueurs du club italien. Alors qu'il avait rejoint le parking souterrain du stade pour prendre sa voiture et quitter discrètement son équipe, Mourinho, qui vient de s'installer sur le siège passager, aperçoit un de ses joueurs, Marco Materazzi. À ce moment-là, il aurait très bien pu rester dans le véhicule, mais il décide d'en sortir. Les larmes aux yeux, dans un état que l'ego incommensurable du coach ne lui autorise quasiment jamais à afficher, il prend son joueur dans ses bras durant de longs instants, avant de repartir à sa voiture en larmes pour quitter définitivement les lieux.

Comment ne pas être ému en voyant cette image ? Quand j'y pense, j'aime beaucoup cette piqûre de rappel que malgré les apparences, et les millions d'euros mis en jeu, le football reste une aventure humaine. Malgré sa froideur affichée, Mourinho est un meneur d'hommes qui part à la guerre à chaque nouveau match aux côtés de ses joueurs. Et cette séquence, où pour la première fois l'émotion peut se lire pleinement sur son visage, est probablement celle que je retiendrai de ce coach si spécial.

QUAND J'Y PENSE, J'AIME BEAUCOUP CETTE PIQÛRE DE RAPPEL QUE MALGRÉ LES APPARENCES, ET LES MILLIONS D'EUROS MIS EN JEU, LE FOOTBALL RESTE UNE AVENTURE HUMAINE.

LA FIN D'UNE HISTOIRE D'AMOUR

Après un été de spéculations, Lionel Messi annonce finalement son départ du FC Barcelone. Un déchirement.

Le 8 août 2021, Lionel Messi quitte le FC Barcelone, qui ne peut plus le payer. C'est un séisme. Au cours d'une conférence de presse déchirante, un Lionel Messi hagard et dévasté annonce son départ du club au peuple barcelonais. Incapable de retenir ses larmes, la voix emplie d'une émotion que l'on partageait tous au même moment avec lui, il actait la fin d'une histoire d'amour qui aura duré dix-sept saisons. Plus de 700 matchs durant lesquels chaque ballon touché aura fait se lever le public ; plus de 40 titres remportés avec le Barça : Messi incarne ce qu'on appelle le tiki taka, ce jeu particulièrement attrayant, offensif et technique qui élève le foot au rang de spectacle.

CETTE OSMOSE MIRACULEUSE ENTRE UN HOMME ET UN CLUB N'AURA PEUT-ÊTRE JAMAIS PLUS D'ÉGAL.

Même si sa carrière a continué, au Paris Saint-Germain puis à l'Inter Miami, on ne retrouvera jamais vraiment le Lionel Messi étincelant du FC Barcelone. Cette osmose miraculeuse entre un homme et un club n'aura peut-être jamais plus d'égal, et c'est peut-être pour cela que l'émotion fut si forte.

UN HOMME TELLEMENT ATTACHÉ À CE MAILLOT QU'IL A DÉCIDÉ DE PASSER L'INTÉGRALITÉ DE SA CARRIÈRE À ROME.

SERIE A • STADE OLYMPIQUE DE ROME • 28 MAI 2017 • AS ROMA-GENOA

UNE FIDÉLITÉ EXCEPTIONNELLE

En 2017, il était temps pour Francesco Totti, la légende de l'AS Roma, de raccrocher les crampons.

« Je vous aime. » Voilà les derniers mots de Francesco Totti sur la pelouse de son club de toujours, l'AS Roma. Le micro à la main et les larmes aux yeux, il était très difficile pour le joueur italien de s'exprimer après tant d'années passées au club. Car dans les tribunes, les larmes des supporters voulaient tout dire : ils étaient en train de dire adieu à un homme qui a largement transcendé son statut de joueur du club. Un homme tellement attaché à ce maillot qu'il a décidé de passer l'intégralité de sa carrière à Rome.

Aujourd'hui, ce type de relation fusionnelle entre un joueur et un club est devenu tellement rare. Car cette exceptionnelle longévité ne sera peut-être jamais égalée. Voilà pourquoi l'émotion était si intense pour le joueur italien, au moment de faire ses adieux à son public. Le 28 mai 2017, après 19 saisons sous le maillot du club et quasiment 800 matchs disputés, il était temps pour Francesco Totti de tirer sa révérence. « Je suis fier et heureux de vous avoir donné vingt ans d'amour. » C'est avec ces mots que le joueur a terminé son discours. Comment ne pas être touché ? Totti a été courtisé par de nombreux clubs européens, parmi les plus grands, et je nourris un immense respect pour cet homme qui est resté fidèle jusqu'au bout à son club de cœur.

LA PIONNIÈRE

CE SOIR-LÀ, CELLE QUI N'AURA JAMAIS GARDÉ SA LANGUE DANS SA POCHE DÉCIDE DE FRAPPER UN GRAND COUP.

Alors que les Bleues viennent d'échouer à se qualifier pour le Mondial, la légende de l'équipe de France féminine Marinette Pichon décide de prendre sa retraite.

Véritable pionnière du football féminin en France, Marinette Pichon est à asseoir à la même table que Platini pour le football masculin. En plus de 20 ans de carrière, elle aura ouvert la voie à toute une génération de jeunes filles, pour qui le football semblait inaccessible pendant de longues années. Pourtant, au moment de raccrocher les crampons, au soir d'une rencontre face à l'Angleterre, où les Bleues échoueront à se qualifier pour la Coupe du monde 2007, Marinette Pichon quitte le football avec un immense regret. Le foot féminin n'est pas encore passé pro.

Aussi, ce soir-là, celle qui n'aura jamais gardé sa langue dans sa poche décide de frapper un grand coup. Elle dénonce le traitement du football féminin par la fédération. Elle explique que lorsqu'une footballeuse est obligée d'occuper un emploi parallèle à sa pratique du football pour subvenir à ses besoins et ceux de sa famille, il ne faut pas espérer que les joueuses puissent ensuite aller chercher des résultats à l'échelle européenne et internationale. Presque 20 ans plus tard, ce discours, comme point final de sa carrière, continue de résonner par la force de ses convictions. Car le combat pour l'égalité des sexes dans le sport est loin d'être terminé.

RIP ATSU

Après les tremblements de terre qui ont secoué la Turquie et la Syrie, Christian Atsu est retrouvé sans vie. Son meilleur ami, Mohammed Kudus, décide de lui rendre hommage.

En 2023, un tremblement de terre terrible a frappé de plein fouet la Syrie et la Turquie. Alors que le pays était endeuillé de toutes parts par des pertes tragiques, la disparition d'un joueur de football a également ému bien au-delà des frontières. Christian Atsu, le joueur ghanéen de 31 ans, qui avait fait les beaux jours de grands clubs en Europe, dont notamment Newcastle, Chelsea et Everton, a été découvert sans vie quelques jours après la catastrophe, dans les décombres de sa maison.

UN GESTE QUI AURAIT DÛ LUI VALOIR UN CARTON JAUNE MAIS, EXCEPTIONNELLEMENT, L'ARBITRE DE LA RENCONTRE SE MONTRE INDULGENT EN RAISON DES TERRIBLES CIRCONSTANCES DE CET HOMMAGE.

Tous ceux qui ont eu la chance de partager les terrains avec lui l'ont décrit comme quelqu'un de profondément gentil et enthousiaste. De grandes stars du football, comme Romelu Lukaku, lui ont rendu hommage, mais c'est un geste de son meilleur ami, Mohammed Kudus, qui a fait le tour du monde. Le joueur de l'Ajax Amsterdam a marqué un très beau but le week-end de sa disparition et il a dévoilé sous son maillot un t-shirt portant l'inscription : « RIP Atsu ». Un geste qui aurait dû lui valoir un carton jaune mais, exceptionnellement, l'arbitre de la rencontre se montre indulgent en raison des terribles circonstances de cet hommage.

EREDIVISIE • JOHAN CRUYFF ARENA • 19 FÉVRIER 2023 • AJAX AMSTERDAM–SPARTA ROTTERDAM

LES MOMENTS INSOLITES

TONY « VAN DAMME » CHAPRON

L'arbitre français Tony Chapron tacle volontairement le joueur nantais Diego Carlos et précipite la fin de sa carrière.

En plein milieu du match de Ligue 1 entre le FC Nantes et le Paris Saint-Germain, les spectateurs ont assisté à un événement complètement lunaire. En se repliant lors d'une contre-attaque menée par Mbappé, le joueur nantais Diego Carlos fait chuter involontairement l'arbitre principal, Tony Chapron. Le choc est violent et l'homme en noir tacle le joueur nantais en se relevant. C'est du jamais vu, et l'image va faire le tour du monde. Je garde de ce moment une incompréhension totale, devant ma télé, bouche bée, je ne pensais jamais assister à un tel spectacle.

Plus tard, Chapron expliquera qu'il s'est senti agressé lors de la collision avec Diego Carlos. Il concède avoir réagi de manière disproportionnée : d'ailleurs, ce geste lui coûtera sa carrière. Mais comme il l'avouera lui-même : « J'ai eu un réflexe stupide, mais un réflexe humain. » Au-delà de l'aspect presque tragicomique de ce tacle, cet événement a cristallisé le malaise qui entoure les arbitres : accepter qu'ils puissent eux aussi fauter permettrait peut-être de mieux appréhender leurs décisions et de ramener un peu de sérénité dans la relation entre les joueurs et ceux qui garantissent le bon déroulement du spectacle.

LE PIZZAGATE

Alors que Manchester United vient de briser la série d'invincibilité d'Arsenal en Premier League, une bagarre éclate dans le vestiaire et une part de pizza atterrit sur le visage de Sir Alex Ferguson.

À l'issue d'une saison exceptionnelle, Arsenal termina champion d'Angleterre 2004, sans avoir perdu le moindre match. Cette équipe, surnommée « les Invincibles » avait mis fin à la domination du grand Manchester United de Sir Alex Ferguson. Mais, le 24 octobre 2004, à l'issue de 49 matchs sans la moindre défaite en championnat, Arsenal s'effondre sur la pelouse de Manchester United (2-0). Un match tendu, au cours duquel les deux coachs sont à deux doigts d'en venir aux mains.

Mais la scène qui va rester dans tous les esprits a lieu au coup de sifflet final. Des échauffourées ont lieu dans le couloir d'Old Trafford, à tel point qu'une pizza est jetée en l'air et atterrit sur l'homme providentiel de Manchester, Sir Alex. Malgré l'aspect comique de la situation, cet incident ravivera encore l'antagonisme entre les deux leaders de la Premier League de cette époque. Et une vingtaine d'années plus tard, le coupable finira par se dénoncer : il s'agissait de Cesc Fabrégas. Faute avouée, à moitié pardonnée. Non ?

LA MUTINERIE DU GARDIEN DE CHELSEA

En finale de la Coupe de la Ligue, Kepa, le gardien de Chelsea, refuse de sortir du terrain.

C'est probablement le moment le plus surréaliste que j'ai vécu. En 2016, Chelsea affrontait Manchester City en finale de Coupe de la Ligue anglaise. Le match s'étire en longueur et les tirs au but commencent à pointer le bout de leur nez. Alors, l'entraîneur italien des Blues, Maurizio Sarri, décide de faire rentrer du sang neuf. Il a en sa possession une carte très intéressante : le gardien argentin Willy Caballero, un spécialiste des penalties. Logiquement, il décide de remplacer son gardien titulaire, Kepa Arrizabalaga, pour mettre toutes les chances de son côté et remporter une éventuelle séance de tirs au but. Mais au moment où l'arbitre assistant désigne le changement, Kepa refuse purement et simplement de sortir du terrain. Ça paraît complètement improbable mais le gardien espagnol décide d'aller à l'encontre des ordres de son entraîneur. Par de grands gestes de la main en direction du banc, il signifie qu'il ne sortira pas.

Le stade tout entier n'en revient pas et même les arbitres ne savent pas quoi faire. Alors forcément, l'entraîneur italien connu pour ses coups de sang va piquer une véritable crise de nerfs. Il jette son calepin sur son siège et part au vestiaire, avant de revenir complètement furieux. Je me souviens avoir littéralement halluciné devant cette séquence. Comme si tout d'un coup on assistait à un match amateur, où les caméras et les enjeux avaient disparu. Sarri n'a jamais pardonné à Kepa et Chelsea a perdu le match. Lunaire.

LE STADE TOUT ENTIER N'EN REVIENT PAS ET MÊME LES ARBITRES NE SAVENT PAS QUOI FAIRE.

WILL GRIGG'S ON FIRE,

LE RYTHME ENTRAÎNANT ET LA PASSION DES SUPPORTERS IRLANDAIS VONT CONDUIRE TOUTE L'EUROPE À SE PASSIONNER POUR CETTE ÉQUIPE ET CETTE STAR LOCALE.

Lors de l'Euro 2016 organisé en France, un joueur inconnu va devenir la star des tribunes.

On n'avait jamais entendu son nom et pourtant après l'Euro 2016, c'était impossible de ne pas avoir en tête la chanson qui lui était consacrée. Ce joueur c'est l'Irlandais Will Grigg. Partout en France, les supporters de toute l'Europe s'étaient réunis pour faire de cet Euro une véritable fête. Mais ce sont les Irlandais du Nord qui sont restés dans toutes les mémoires. Personne n'attendait cette petite équipe à ce niveau, mais ce statut d'outsider a largement participé à galvaniser les fans venus d'Irlande du Nord. Cette joie de participer pour la première fois à l'Euro s'est illustrée par un chant entonné partout, qui a fini par devenir un hit planétaire : *Will Grigg's on Fire*. Une chanson à la gloire d'un attaquant totalement inconnu en France, sur l'air de *Freed from Desire*.

Cet été-là, il était impossible de passer à côté. Le rythme entraînant et la passion des supporters irlandais vont conduire toute l'Europe à se passionner pour cette équipe et cette star locale. Mais l'anecdote qui entoure ce chant est encore plus insolite. Car le fameux Will Grigg, censé terrifier les défenses adverses, ne disputera même pas une seule minute de cette compétition avec son pays. Malgré ça, personne ne l'a oublié !

YOUR DEFENSE IS TERRIFIED !

LE HOLLANDAIS VOLANT

Véritable star de la compétition, Johan Cruyff décide de fabriquer son propre maillot pour la Coupe du monde 1974.

Lors de la Coupe du monde 1974, Johan Cruyff amorce un conflit devenu historique. Nous étions dans les années 1970, c'était le début du sponsoring des équipementiers. Alors quand il arrive en Allemagne pour disputer le Mondial, auréolé du statut de meilleur joueur de la planète, Cruyff est équipé par sa marque fétiche, celle qui l'accompagne depuis déjà de longues années : Puma. Le problème c'est que la sélection des Pays-Bas est équipée par une autre marque : Adidas. Pour la marque allemande, l'organisation de la Coupe du monde à domicile est une vitrine très importante où elle se doit d'être omniprésente. Dans cette optique, la marque aux trois bandes va tout tenter pour que Cruyff accepte quand même de porter un maillot Adidas.

CRUYFF VA ALORS PRENDRE UNE GRANDE DÉCISION : IL NE PORTERA JAMAIS UN MAILLOT DE LA MARQUE ALLEMANDE ET DÉCIDE DE SE CONFECTIONNER SON PROPRE MAILLOT.

Un bras de fer va donc commencer entre le joueur et l'équipementier. Conscient de la force et de l'importance de son image lors de l'événement, il demande une compensation financière pour porter le maillot de la marque, en continuant d'assurer son partenariat avec Puma. L'accord ne verra jamais le jour. Cruyff va alors prendre une grande décision : il ne portera jamais un maillot de la marque allemande et décide de se confectionner son propre maillot. Au lieu des trois bandes habituelles d'Adidas, Cruyff va en retirer une et portera durant l'intégralité de la compétition un maillot et un short à deux bandes. Un coup de génie marketing, qui s'accompagnera cet été-là d'un panache exceptionnel sur le terrain avec à la clé la finale pour les Pays-Bas face à l'Allemagne de Beckenbauer.

L'ENLÈVEMENT RATÉ

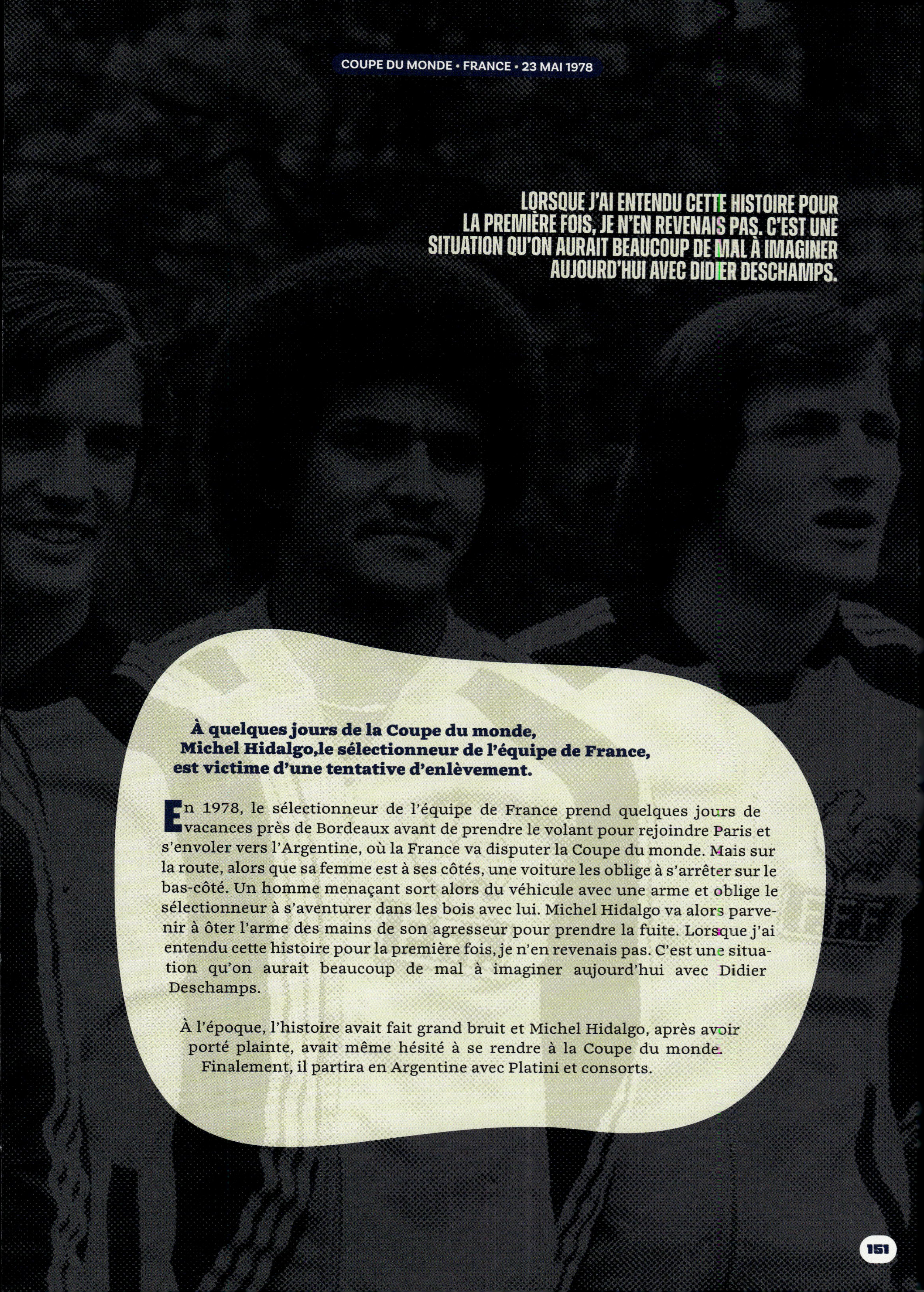

LORSQUE J'AI ENTENDU CETTE HISTOIRE POUR LA PREMIÈRE FOIS, JE N'EN REVENAIS PAS. C'EST UNE SITUATION QU'ON AURAIT BEAUCOUP DE MAL À IMAGINER AUJOURD'HUI AVEC DIDIER DESCHAMPS.

À quelques jours de la Coupe du monde, Michel Hidalgo,le sélectionneur de l'équipe de France, est victime d'une tentative d'enlèvement.

En 1978, le sélectionneur de l'équipe de France prend quelques jours de vacances près de Bordeaux avant de prendre le volant pour rejoindre Paris et s'envoler vers l'Argentine, où la France va disputer la Coupe du monde. Mais sur la route, alors que sa femme est à ses côtés, une voiture les oblige à s'arrêter sur le bas-côté. Un homme menaçant sort alors du véhicule avec une arme et oblige le sélectionneur à s'aventurer dans les bois avec lui. Michel Hidalgo va alors parvenir à ôter l'arme des mains de son agresseur pour prendre la fuite. Lorsque j'ai entendu cette histoire pour la première fois, je n'en revenais pas. C'est une situation qu'on aurait beaucoup de mal à imaginer aujourd'hui avec Didier Deschamps.

À l'époque, l'histoire avait fait grand bruit et Michel Hidalgo, après avoir porté plainte, avait même hésité à se rendre à la Coupe du monde. Finalement, il partira en Argentine avec Platini et consorts.

THIS IS ANFIELD

OH MANE, MANE

Un supporter de Liverpool publie sur YouTube une chanson à la gloire des Reds. Il ne le sait pas encore mais il va devenir une véritable star locale.

Il y a quelques années, un simple fan de Liverpool est devenu une star locale. Le héros de cette histoire s'appelle Richy Sheehy. C'est un immense fan des Reds depuis son enfance à Cork, la ville où il a grandi, en atteste son accent à couper au couteau. En 2017, Kevin est attristé par le départ d'un des joueurs qu'il admirait le plus : Philippe Coutinho. Le génial numéro 10, qui a fait rêver chaque week-end les supporters des Reds, a cédé aux sirènes du Barça. Alors, plutôt que de s'apitoyer sur son sort, Richy décide de partager sa déception de voir partir son joueur préféré. Il allume sa caméra et improvise une chanson sur son lit.

LA VOIX EST HÉSITANTE, LES NOTES FAUSSES, LA PLUPART DU TEMPS, LES PAROLES SONT SOMMAIRES, MAIS LE SUCCÈS EST IMMÉDIAT.

La séquence est hilarante, Sheehy n'ayant comme décor que des goodies du club, disposés sur son lit en arrière-plan et bien sûr un maillot de Liverpool sur le dos. La voix est hésitante, les notes fausses, la plupart du temps, les paroles sont sommaires. Mais le succès est immédiat. L'authenticité et la passion de Kevin vont immédiatement faire écho à de nombreux fans du club anglais. À tel point que lors du match suivant, les paroles de Kevin vont résonner au cœur même d'Anfield : un rêve vient de se réaliser. Mais l'histoire ne s'arrête pas là. La chanson devient tellement virale que Kevin va être invité à la télévision et tournera même un clip. La blague s'est transformée en success-story et l'amoureux du club est devenu une véritable star locale.

LE JOUEUR QUI N'A JAMAIS JOUÉ

En 2009, un imposteur a bien failli signer dans un club en se faisant passer pour une ancienne gloire du PSG. Son nom : Grégoire Akcelrod.

Parmi les histoires les plus insolites du monde du football, il y a celle de Grégoire Akcelrod : un passionné de football qui a tout tenté pour signer dans un club professionnel et qui a bien failli réaliser le coup du siècle. Cette histoire incroyable s'est déroulée en 2009, lorsque Grégoire, habitué à trafiquer son CV pour obtenir des essais dans des clubs professionnels, parvient enfin à décrocher un contrat avec un club. Pour cela, le petit filou avait élaboré un plan infaillible : il était parvenu à se prendre en photo, exactement comme le font les joueurs professionnels du PSG, devant l'entrée du Parc des Princes, un maillot floqué sur le dos. La supercherie peut paraître grossière, mais c'est grâce à ce cliché que le club de Sophia en Bulgarie tombe dans le panneau et accepte de proposer à Grégoire un contrat de trois ans.

L'affaire est bouclée mais lorsqu'il se réveille le lendemain, Grégoire a été démasqué : des supporters du club bulgare étaient entrés en contact avec des ultras parisiens, qui ont dévoilé le pot aux roses : Grégoire est un usurpateur très célèbre dans la région parisienne, qui n'a en fait jamais mis le pied sur un terrain de football professionnel. La signature tombe à l'eau mais Grégoire ne va pas s'arrêter là. Il réitère à plusieurs reprises la manœuvre et parvient enfin, quelques mois plus tard, à signer pour un club semi-professionnel au Canada, où il vivra enfin son rêve de fouler les pelouses en tant que joueur professionnel. Il le confessera quelques années plus tard, il n'a jamais fait cela pour l'argent, mais seulement pour la gloire : celle de fouler une pelouse de football et être applaudi par des supporters.

IL LE CONFESSERA QUELQUES ANNÉES PLUS TARD, IL N'A JAMAIS FAIT CELA POUR L'ARGENT, MAIS SEULEMENT POUR LA GLOIRE : CELLE DE FOULER UNE PELOUSE DE FOOTBALL ET ÊTRE APPLAUDI PAR DES SUPPORTERS.

?
AKCELROD
17
AFFLELOU

Lotto
OPEL

LE BALLON D'OR DEVENU PRÉSIDENT

Après une carrière brillante dans le monde du football, l'ancien Ballon d'Or George Weah devient président de son pays, le Liberia.

Le destin de George Weah fait partie selon moi des plus beaux et insolites de l'histoire du football. Après avoir été élevé par sa grand-mère dans un bidonville de Monrovia, George est repéré par le sélectionneur camerounais de l'époque, Claude Le Roy, lors d'un match à Yaoundé. L'homme est persuadé du talent exceptionnel du jeune joueur et prévient illico l'AS Monaco qui lui fait passer un essai. Là-bas, un deuxième homme va voir en lui tout le potentiel du futur Ballon d'Or : c'est l'entraîneur du club, Arsène Wenger. Il a tellement confiance en son jeune joueur qu'il décide de le prendre sous son aile, au point que Weah finira par habiter chez lui. Après seulement quelques mois du côté de l'AS Monaco, Weah permet à son équipe de remporter la Coupe de France. Ensuite, tout va s'enchaîner. Il s'engage en faveur du Paris Saint-Germain en 1992, puis s'envole trois ans plus tard pour l'AC Milan, où il deviendra le premier Ballon d'Or africain de l'histoire. Une carrière magnifique qui prendra fin en 2003 après un passage dans certains des plus grands clubs européens : Chelsea, Manchester City et l'OM.

ALORS QU'IL VENAIT D'ACCÉDER AU POUVOIR AU LIBERIA, UNE DES PREMIÈRES ACTIONS DE WEAH FUT D'INVITER LES DEUX HOMMES QUI LUI AVAIENT PERMIS DE DEVENIR LE FOOTBALLEUR QU'IL EST DEVENU : CLAUDE LE ROY ET ARSÈNE WENGER.

Comme si son destin n'était pas assez exceptionnel jusque-là, George Weah retournera quelques années plus tard dans son pays d'origine pour y devenir candidat à l'élection présidentielle : une élection qu'il remportera pour devenir le président de son pays en 2018. Son parcours est magnifique, mais il y a un événement que je retiens plus que les autres. Alors qu'il venait d'accéder au pouvoir au Liberia, une des premières actions de Weah fut d'inviter les deux hommes qui lui avaient permis de devenir le footballeur qu'il est devenu : Claude Le Roy et Arsène Wenger. Dans une cérémonie pleine d'émotion, il les décora de la plus haute distinction du pays, en déclarant : « Votre rôle positif a non seulement marqué la carrière et la vie de nombreux joueurs africains, mais aussi celle d'une génération entière de jeunes Libériens qui ont fait du président Weah un exemple. » Une magnifique reconnaissance qui signait alors l'apogée d'un destin hors du commun.

LES MOMENTS DE COMMUNION

ARSÈNE ÉTAIT UN MODÈLE ET LUI DIRE AU REVOIR A ÉTÉ UN DES MOMENTS LES PLUS DIFFICILES DE MA VIE DE SUPPORTER DE FOOTBALL.

MERCI ARSÈNE

Après 22 ans sur le banc des Gunners, Arsène Wenger dit adieu à son club de toujours dans un dernier hommage émouvant de l'Emirates Stadium.

Vingt-deux longues années, voilà le temps qu'aura passé Arsène Wenger sur le banc d'Arsenal. Une éternité dans le football moderne qui a rendu ses adieux d'autant plus attendus, lorsqu'il a décidé d'officialiser son départ à la fin de la saison 2017-2018. Ce jour-là, j'étais dans le stade. Quand j'ai commencé à m'intéresser et à aimer le football, Arsenal a été le premier club qui m'a donné des émotions. Une équipe qui avait toujours la volonté d'aller de l'avant, constituée de grands joueurs français, dont mes deux idoles quand j'étais plus jeune, Thierry Henry et Robert Pires. Tout ça était le fruit du travail d'un homme : Arsène Wenger.

Comment un jeune homme du fin fond de l'Alsace est-il parvenu à se hisser au sommet du football européen, et à devenir le premier entraîneur à ne pas perdre une seule rencontre dans une saison de Premier League ? Arsène était un modèle et lui dire au revoir a été un des moments les plus difficiles de ma vie de supporter de football. Il n'y a qu'à réécouter l'ambiance à la fois pesante et respectueuse au moment où l'entraîneur français explique aux fans qu'il ne les oubliera jamais. Si ce moment était aussi lourd de sens, c'est parce qu'avec le temps, Arsenal avait un peu perdu de sa superbe, le club n'était plus que l'ombre de lui-même depuis quelques saisons.

Après un tour d'honneur tout autour du stade, Arsène a disparu dans les coulisses. Depuis, Mikel Arteta, son ancien joueur, a réussi à embrasser la culture du club, en proposant, comme l'avait fait Wenger des années plus tôt, un football spectaculaire et attrayant. Et c'est de nouveau un immense bonheur pour moi de me rendre à Londres pour aller voir cette équipe qui continue de me faire rêver, des années après les adieux de mon idole, Arsène Wenger.

LE TITI MARSEILLAIS

Fils d'un supporter marseillais décédé dans un tragique accident, le petit Yassin va rendre un hommage magnifique à son père sur la pelouse du Vélodrome.

Il y a quelques années, l'Olympique de Marseille a offert le plus beau des cadeaux à un jeune Marseillais : lui permettre de rendre hommage à son père. En 2008, lors d'un déplacement de l'Olympique de Marseille au Havre, le collectif MTP, un groupe d'ultras marseillais, est endeuillé par une disparition : sur le chemin du retour, Lahcen, un des plus fervents supporters de l'OM, perd la vie dans un accident de la route. Il laisse derrière lui sa famille, ainsi qu'un petit garçon d'un an. Comme pour entretenir le souvenir de son papa, Yassin va soutenir l'OM en se rendant au stade dès qu'il le peut. Très vite, il devient le symbole des ultras marseillais. Alors qu'il est au collège, il aide les supporters à réaliser les tifos, préparer les banderoles et organiser les déplacements pour encourager les Olympiens en championnat et en Coupe d'Europe. Yassin est un titi marseillais dans l'âme : son club, c'est son héritage.

LA TRIBUNE EST EN DÉLIRE ET ACCLAME SON JEUNE HÉROS COMME UNE SUPERSTAR DU CLUB. CE JOUR-LÀ, YASSIN A RÉALISÉ LE RÊVE DE TOUS LES JEUNES SUPPORTERS DE FOOTBALL.

Dix ans presque jour pour jour après ce drame familial, le 27 août 2018, à l'occasion de la rencontre entre l'Olympique de Marseille et le Stade Rennais, l'OM propose au petit garçon de donner le coup d'envoi du match. Son entrée sur le terrain est accompagnée de l'ovation de tous les virages. Yassin est aux anges aux côtés de Florian Thauvin. Soudain, Yassin récupère le ballon et fonce droit vers le but adverse. Surpris mais amusés, les joueurs le laissent faire. Yassin traverse le terrain. Le stade entier accompagne la chevauchée fantastique du titi jusqu'au but de Koubek, le portier rennais. Yassin marque, court vers le point de corner, glisse sur les genoux et retire son maillot devant le virage nord. La tribune est en délire et acclame son jeune héros comme une superstar du club. Ce jour-là, Yassin a réalisé le rêve de tous les jeunes supporters de football.

MALADE

À PEINE PLUS D'UN AN ET DEMI APRÈS LE DIAGNOSTIC DE SON CANCER, IL DEVIENT LE HÉROS DE TOUT UN PEUPLE.

LE COMBAT DE HALLER

En plein milieu de sa carrière, l'attaquant ivoirien apprend qu'il est atteint d'un cancer.

Sébastien Haller nous a offert en 2024 une des plus belles leçons de résilience que le football pouvait nous donner. Deux ans plus tôt, l'attaquant ivoirien était au sommet de sa carrière après avoir martyrisé les défenses adverses à Francfort, puis à West Ham et à l'Ajax. Il rejoint le Borussia Dortmund à l'été 2022 auréolé d'un statut de véritable star. Les supporters n'attendent qu'une seule chose : le voir débuter sur les terrains avec le maillot jaune. Malheureusement, à peine quelques jours après sa signature, un cancer des testicules lui est diagnostiqué. Pendant de nombreuses semaines, éloigné des terrains, il va enchaîner les chimiothérapies et tout faire pour garder la forme et revenir au plus vite après avoir vaincu la maladie.

Début 2023, six mois à peine après son diagnostic, l'attaquant réapparaît pour la première fois sous le maillot du club allemand, avant d'inscrire son premier but quelques semaines plus tard. L'année suivante, alors que son pays accueillait la Coupe d'Afrique des Nations, un but de Haller en demi-finale puis en finale permettent à la Côte d'Ivoire de remporter la CAN devant son public. À peine plus d'un an et demi après le diagnostic de son cancer, il devient le héros de tout un peuple. Une leçon de vie.

LA MAMAN DE BOUFAL

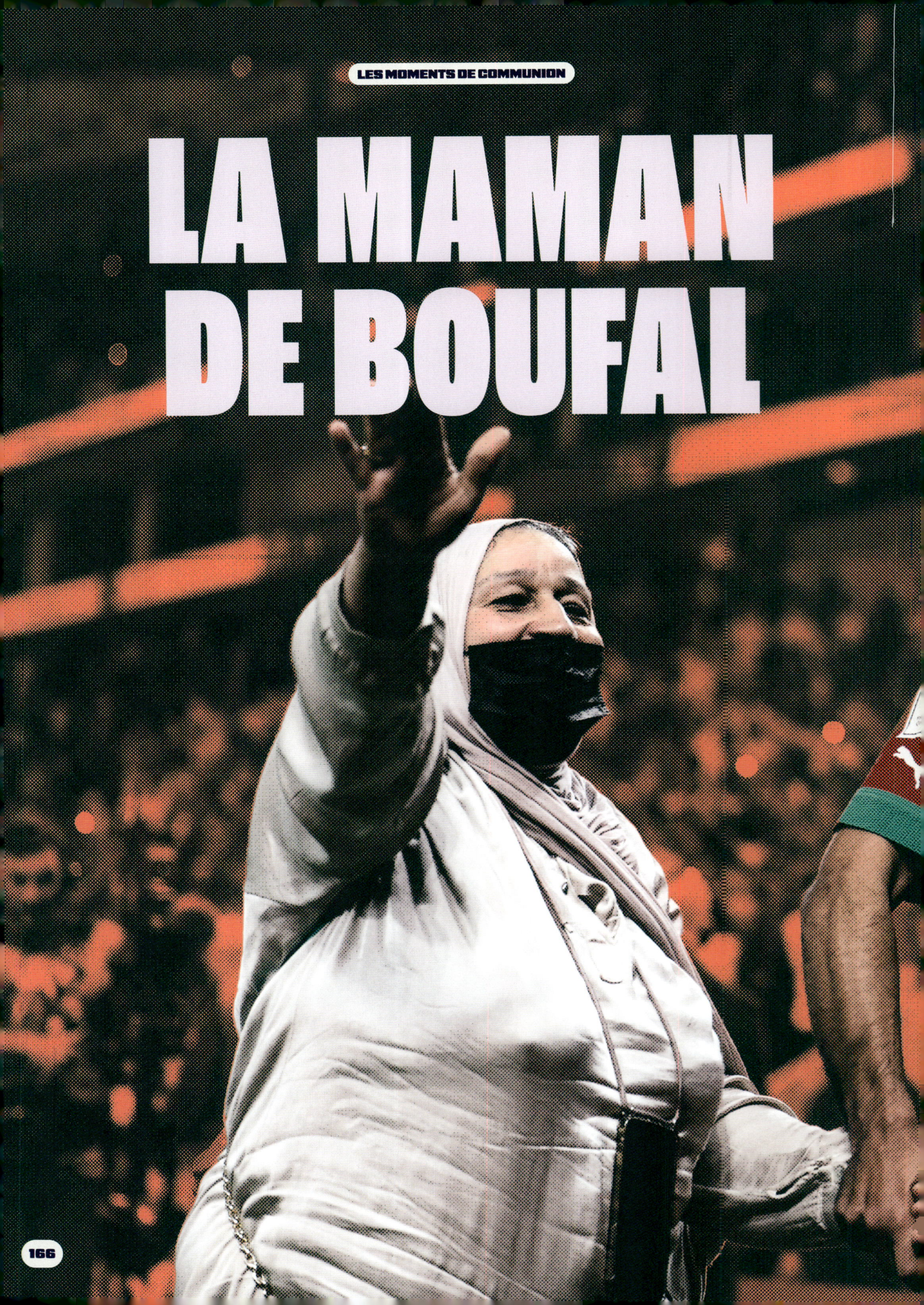

CES MOMENTS RARES NOUS RAPPELLENT QUE LE PARCOURS DE CES SUPERSTARS DU FOOTBALL S'ACCOMPAGNE DE DIZAINES D'AUTRES PERSONNES QUI, DANS L'OMBRE, RENDENT POSSIBLE LEUR CARRIÈRE.

Alors que les Marocains viennent de se qualifier pour les demi-finales de la Coupe du monde, Boufal fait entrer sa mère sur la pelouse.

Derrière la réussite d'un footballeur, il y a de nombreuses personnes qui ont œuvré dans l'ombre pour qu'il puisse atteindre son rêve. Parmi elles, les parents des joueurs ont évidemment une place très importante et il arrive qu'ils sortent de l'ombre l'espace d'un instant. Comme en décembre 2022.

Alors que le Maroc venait d'abasourdir les supporters du monde entier en venant à bout du Portugal en quarts de finale de la compétition, Sofiane Boufal, un des leaders techniques de cette surprenante équipe, a décidé de rendre hommage à celle sans qui il ne serait jamais parvenu jusque-là : sa maman. Celle qui avait accepté qu'il quitte les bancs de l'école pour se consacrer à sa passion. Celle qui lui avait fait confiance et qui lui avait prêté le peu d'argent qu'elle avait pour qu'il puisse prendre le train et se révéler aux yeux des recruteurs qui lui ont donné sa chance.

Il décidait de la faire monter sur la pelouse pour célébrer main dans la main la qualification du Maroc pour les demi-finales. L'image de cette mère qui accompagne son fils au sommet du football mondial, les yeux emplis d'une fierté immense, je la trouve magnifique. Ces moments-là sont rares et nous rappellent que le parcours de ces superstars du football s'accompagne de dizaines d'autres personnes qui, dans l'ombre, rendent possible leur carrière.

L'OL DANS LE SANG

C'EST AINSI QUE LE 27 MAI 2023, AU MILIEU D'UN GROUPAMA STADIUM BIEN CONSCIENT DE VIVRE UN MOMENT HISTORIQUE, J'ÉTAIS LE TÉMOIN D'UN HOMMAGE BOULEVERSANT.

Après 37 ans à la tête de l'Olympique Lyonnais, Jean-Michel Aulas fait ses adieux à son club.

À la fin de la saison 2021-2022, une page s'est tournée du côté de l'Olympique Lyonnais, lorsque Jean-Michel Aulas a entériné son départ du club. Dire que l'homme d'affaires français était important pour le club rhodanien serait un immense euphémisme. Deux ans à peine après son arrivée, le club, végétant alors dans les divisions inférieures du pays, accédait à la première division. À Lyon, Aulas aura tout révolutionné, quasiment tout construit à partir de rien. L'apogée de son œuvre aura lieu au tout début des années 2000, lorsque son Olympique Lyonnais parviendra enfin à remporter son premier championnat, et fera même bien mieux que ça : en enchaîner sept d'affilée.

Des années et la construction d'un immense stade plus tard, l'énergie et la folie du renouveau ont laissé place à une certaine lassitude et, au tournant des années 2010, les supporters sentent bien que le vent a tourné. Les résultats sont en chute libre et une page se tourne. En 2022, Aulas décide de céder la majorité du club à un investisseur américain qui décidera, à peine quelques mois plus tard, de le destituer. Celui qui aura presque tout construit est obligé de quitter son propre navire par la petite porte.

C'est la fin d'une ère, la fin d'un règne. J'ai grandi avec l'Olympique lyonnais et les succès du club dans les années 2000 ont participé à forger mon attachement pour notre championnat. J'ai eu l'occasion de rencontrer Aulas à plusieurs reprises et j'ai toujours été frappé par sa gentillesse, par son accessibilité et son amour sincère pour le peuple lyonnais. Alors je me devais d'assister à l'hommage qui allait lui être rendu dans son stade. C'est ainsi que le 27 mai 2023, au milieu d'un Groupama Stadium bien conscient de vivre un moment historique, j'étais le témoin d'un hommage bouleversant. Une communion populaire à la hauteur de l'homme d'affaires qui aura révolutionné le football français. Je suis intimement persuadé que les fans de football n'oublient jamais ceux qui leur ont permis de vivre les plus belles émotions. Jean-Michel Aulas, à l'image de son ami Bernard Tapie décédé en 2021 et célébré par les supporters marseillais comme une véritable icône, restera aux yeux des supporters lyonnais l'homme qui a tout changé, celui qui aura enfin offert au club la place qu'il méritait.

TROIS LÉGENDES SUR LA PELOUSE DE NANCY

À l'occasion de son jubilé, Michel Platini réunit Pelé et Maradona à Marcel-Picot.

Si je vous dis qu'un jour, Michel Platini, Pelé et Maradona se sont retrouvés tous les trois sur un même terrain de football, je pense que vous auriez du mal à y croire. Pourtant c'est bel et bien arrivé à l'occasion d'un événement très spécial. En 1988, les supporters de l'équipe de France s'apprêtaient à dire adieu à un joueur emblématique : Michel Platini. La légende de l'AS Nancy-Lorraine, de Saint-Étienne et de la Juventus décidait de mettre un terme à sa carrière. Mais comme il ne faisait jamais rien comme tout le monde, il avait décidé de célébrer cet événement en grande pompe dans l'enceinte où il est devenu une star : le stade Marcel-Picot de Nancy. Alors pour l'occasion, plus de 35 000 spectateurs s'étaient réunis pour lui dire au revoir.

Mais le départ de Michel Platini n'était pas la seule attraction de la soirée. À l'occasion de cet événement, deux autres immenses joueurs ont accepté de le rejoindre : le roi Pelé et le rival de Platini en Italie, Diego Armando Maradona. Détail assez amusant, Platini a exigé que tous les joueurs portent un maillot floqué d'une inscription « *NO DRUG* », pour soutenir le travail d'une fondation qu'il venait de créer pour aider les toxicomanes à se réinsérer dans la société. Pas sûr que Maradona ait totalement adhéré au message.

MATCH AMICAL • STADE MARCEL-PICOT DE NANCY • 23 MAI 1988 • JUBILÉ DE MICHEL PLATINI

MAIS COMME IL NE FAISAIT JAMAIS RIEN COMME TOUT LE MONDE, IL AVAIT DÉCIDÉ DE CÉLÉBRER CET ÉVÉNEMENT EN GRANDE POMPE DANS L'ENCEINTE OÙ IL EST DEVENU UNE STAR : LE STADE MARCEL-PICOT DE NANCY.

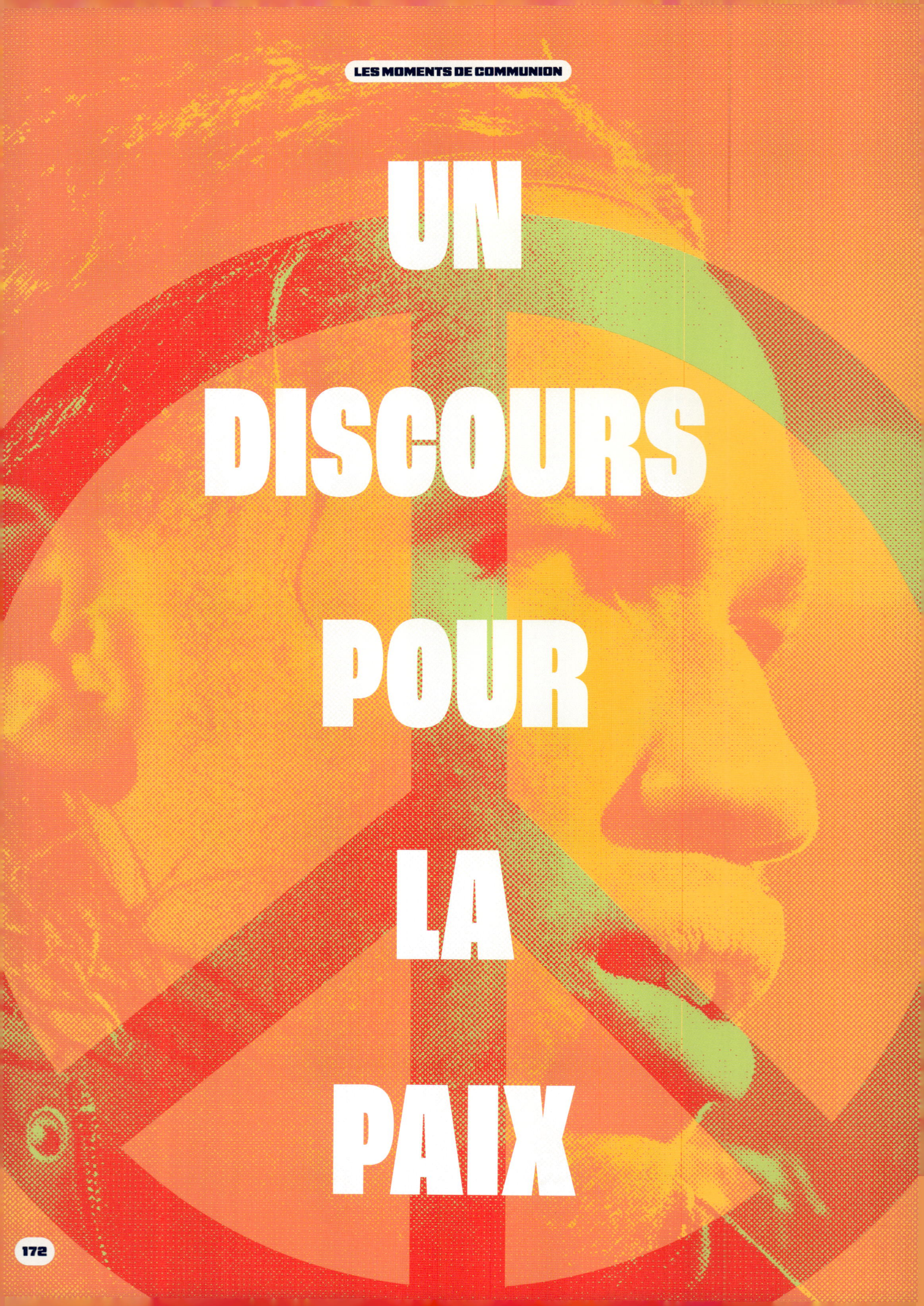

UN DISCOURS POUR LA PAIX

LES VISAGES DES JOUEURS QUI IMPLORENT LEUR PEUPLE DE FAIRE LA PAIX ET QUI FINISSENT PAR Y PARVENIR, GRÂCE À LEUR TALENT ET LEUR ESPRIT D'ÉQUIPE, C'EST LA PLUS BELLE PREUVE QUE LE FOOTBALL PEUT ÊTRE UN MESSAGER DE LA PAIX.

Alors que la Côte d'Ivoire est au bord de la guerre civile, Didier Drogba s'adresse à la nation dans un discours poignant.

La qualification de la Côte d'Ivoire pour la Coupe du monde 2006 a largement dépassé le cadre sportif. À cette période, le peuple ivoirien était au bord de la guerre civile. Après le match face au Soudan qui qualifiait les Éléphants, leur capitaine Didier Drogba a décidé de prendre la parole. « Ivoiriens, Ivoiriennes, vous avez vu, on vous a prouvé aujourd'hui que toute la Côte d'Ivoire peut cohabiter, peut jouer ensemble pour un même objectif. S'il vous plaît, déposez toutes les armes, organisez les élections et tout ira mieux. »

Comment ne pas être ému en entendant ces mots ? Drogba a réussi sa mission. Car dans les semaines qui ont suivi, les tensions se sont apaisées dans le pays. Les visages des joueurs qui implorent leur peuple de faire la paix et qui finissent par y parvenir, grâce à leur talent et leur esprit d'équipe, c'est la plus belle preuve que le football peut être un messager de la paix.

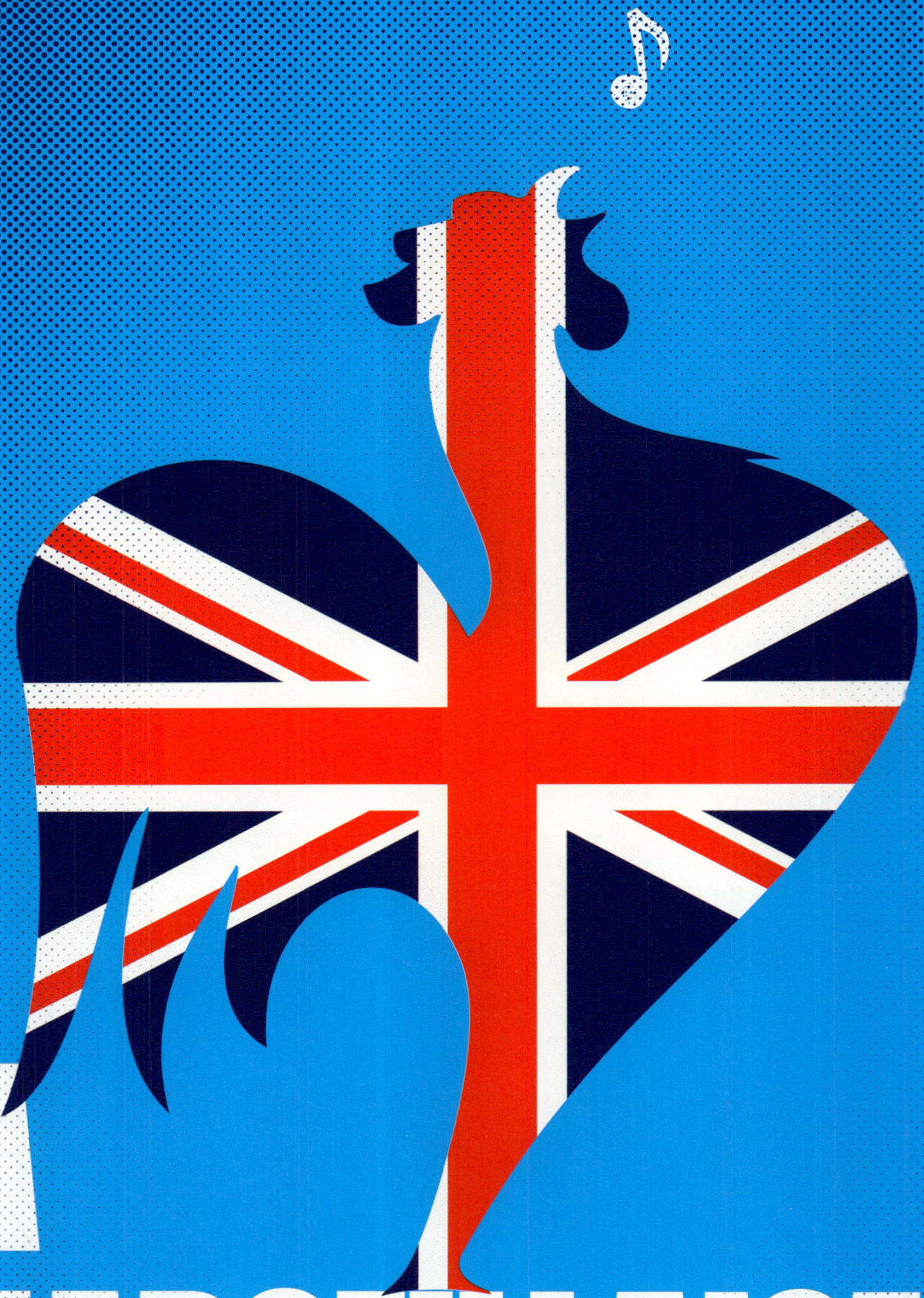

LA MARSEILLAISE DE WEMBLEY

LES 75 000 SUPPORTERS PRÉSENTS DANS LE STADE SE METTENT À CHANTER L'HYMNE FRANÇAIS À L'UNISSON.

Après les attentats de Paris en 2015, les Anglais rendent un hommage poignant aux Bleus en entonnant avec eux *La Marseillaise.*

Les attentats de Paris en 2015 ont profondément bouleversé ma vision du monde. Une des raisons principales de ce traumatisme tient aussi du fait que cela soit arrivé durant un match de football. Comment toucher la France plus en son cœur qu'en attaquant son équipe nationale ? Ce soir de novembre, nous étions nombreux à être devant notre télé pour voir les Bleus disputer un match amical contre l'Allemagne.

Une détonation, puis deux. Comme beaucoup, je ne comprends pas ce qui est en train de se dérouler. J'imagine que le bruit émane probablement d'un engin de supporter qui a retenti dans la tribune. Mais comme beaucoup, je me trompais. Car alors que nous avions tous les yeux rivés sur le match, Paris était attaquée. Plusieurs foyers de feu ont eu lieu dans la capitale, mais celui qui devait toucher les tribunes du Stade de France a échoué. Et les joueurs de l'équipe de France n'ont appris ce qui se déroulait qu'à la fin du match, abasourdis par le drame qui aurait pu se produire dans l'antre même du football français. J'ai pris de nombreux jours à m'en remettre. J'ai imaginé, retourné la situation dans tous les sens, pour me demander ce qui se serait passé si les bombes avaient pu entrer dans le stade. Et j'avoue que, encore aujourd'hui, je continue de m'installer dans les travées du stade de Saint-Denis en ayant une pensée pour cet événement traumatique.

Quelques jours plus tard, les Bleus s'étaient quand même déplacés sur la pelouse de Wembley pour y affronter les Anglais. Forcément, que cela soit du côté des joueurs ou des supporters, l'ambiance n'était pas à la fête, et l'inquiétude et l'angoisse régnaient encore en maître. Jusqu'à ce que les équipes entrent sur la pelouse. Les vingt-deux acteurs se mettent en ligne et les premières notes de *La Marseillaise* commencent à résonner. Tout le monde a encore en tête ce qu'il s'est passé quelques jours plus tôt. À cet instant, les 75 000 supporters présents dans le stade se mettent à chanter l'hymne français à l'unisson. Ce jour-là, l'Angleterre nous a offert un cadeau symbolique d'une force inouïe. Le football s'est montré digne de ses valeurs et nous a fait vivre un très beau moment de communion.

LE VIRAGE BRICE

Après la mort tragique d'un supporter du club, le TFC décide de lui rendre hommage en renommant un de ses virages : le virage Brice-Taton.

LES SUPPORTERS ET LES INSTANCES DU CLUB PRENDRONT UNE GRANDE DÉCISION : À PARTIR DU 5 NOVEMBRE 2023, LE VIRAGE EST DU STADIUM DE TOULOUSE DEVIENT OFFICIELLEMENT LE VIRAGE BRICE-TATON.

Quand j'étais petit, il y a un stade qui m'a permis de découvrir le football : le Stadium de Toulouse. Je me souviens encore de ces samedis après-midi en famille, où nous allions voir des matchs de Ligue 1 tous ensemble, théâtre de mes premières émotions en tant que spectateur de football. De cette période je retiens surtout l'effervescence du virage toulousain, celui que l'on surnomme « le virage Brice ». Mais c'est des années plus tard que j'ai enfin compris que ce nom évoquait une histoire tragique.

En 2009, alors que le TFC avait réalisé une très bonne saison en championnat, ils étaient parvenus à se qualifier pour l'Europa League. C'était une véritable période de fête pour le club et de nombreux supporters avaient décidé de faire le déplacement en Europe pour encourager les Violets. Malheureusement, un de ces matchs à l'extérieur allait être entaché d'un terrible drame. Alors qu'ils étaient réunis entre amis dans un bar, avant d'assister à la rencontre entre le Partizan Belgrade et le club français, un fervent supporter du TFC, Brice Taton, est violemment agressé par des hommes cagoulés. Un déferlement de violence tel, que Brice perdra la vie quelques minutes plus tard à l'hôpital.

Une tragédie qui va marquer pour toujours le club toulousain, qui commence par organiser un grand hommage à Brice dans le stade qu'il aimait tant. Le Stadium tout entier chantera son nom dans un moment poignant et à la suite de cet événement, les supporters et les instances du club prendront une grande décision : à partir du 5 novembre 2023, le virage est du Stadium de Toulouse devient officiellement le virage Brice-Taton. Une très belle manière de se souvenir de ce grand supporter du club. Depuis que je connais cette histoire, c'est toujours très émouvant de revenir au Stadium, un stade dans lequel continuent de résonner ces paroles magnifiques : **« Brice, on ne t'oubliera jamais ! »**

LE RED STAR, C'EST À BAUER !

À chaque match disputé par le Red Star, un nom continue de résonner dans les tribunes : Rino Della Negra, le joueur résistant.

En région parisienne, il y a un club qui ne ressemble à aucun autre : le Red Star. Une équipe de football qui fait partie des plus historiques de notre pays et qui a toujours promu un football différent, inclusif et social. Quand je suis arrivé en région parisienne, j'ai tout de suite été intéressé par l'aspect atypique de ce club. Alors j'y suis allé. Et lors de mon premier match à Bauer, l'antre historique de l'Étoile rouge, j'ai compris l'atmosphère si particulière qui règne à Saint-Ouen.

LE FOOTBALL PEUT TRANSMETTRE UNE HISTOIRE, UNE PART DE LA CULTURE, MAIS AUSSI ET SURTOUT DES VALEURS D'HUMANISME ET DE SOLIDARITÉ.

Situé dans le 93, le Red Star détonne avec tous ses voisins : c'est un endroit où se retrouvent toutes les strates de la société, où le brassage social est porté en étendard et où l'histoire et la culture du club sont omniprésentes. Et je dois dire que, parmi tous les chants des supporters, il y a un nom qui m'a particulièrement marqué : celui de Rino Della Negra. Rino était une des stars du Red Star lorsque la Seconde Guerre mondiale a éclaté. Il était talentueux et profondément altruiste et il décida de s'engager dans la Résistance, dans le réseau Manouchian, pour combattre l'occupation allemande.

Après avoir résisté pendant plusieurs années, Rino fut arrêté par la Gestapo et exécuté au Mont-Valérien. Un destin que les supporters du Red Star n'ont jamais oublié. Car aujourd'hui la principale tribune où les très grands supporters du club se retrouvent porte son nom. Je crois que de mémoire de supporter, je n'avais jamais eu la chance de découvrir un club aussi profondément ancré dans son histoire. Voilà pourquoi aujourd'hui on peut toujours entendre le nom de Rino Della Negra dans les travées du stade Bauer : la preuve que le football peut transmettre une histoire, une part de la culture, mais aussi et surtout des valeurs d'humanisme et de solidarité. Pour tout ça, le Red Star est devenu au fil des années un de mes clubs préférés, un club où j'aime me rendre pour me plonger dans un univers à nul autre pareil et continuer de chanter en chœur en l'honneur de Rino.

RINO
DELLA NEGRA
UNE ETOÏLE ROUGE
NE MEURT JAMAIS

LES MOMENTS DE FRUSTRATION

UN REGRET ÉTERNEL

En 2006, la France et l'Italie se sont affrontées dans une finale de Coupe du monde d'anthologie, théâtre du dernier match de Zinédine Zidane.

DEPUIS CE MAELSTRÖM D'ÉMOTIONS SANS PRÉCÉDENT, MALGRÉ LA TRISTESSE INFINIE ET LES REGRETS ÉTERNELS, J'AI SU CE SOIR-LÀ QUE LE FOOTBALL ALLAIT FAIRE PARTIE DE MA VIE.

C'est le souvenir originel de ma passion pour le football. Un moment sans lequel vous ne seriez pas actuellement en train de me lire. Cet événement, c'est la finale de la Coupe du monde 2006. Pour le jeune garçon que j'étais, je n'aurais pas pu rêver mieux pour découvrir ce sport extraordinaire que de vivre ce Mondial si particulier. Dans cette Coupe du monde, il y avait tout : les légendes des décennies précédentes au crépuscule de leur carrière, des équipes avec des effectifs garnis de stars, mais aussi et surtout les grands débuts de ceux qui allaient marquer de leur empreinte le football européen des vingt prochaines années. En d'autres termes, les Zidane, Ronaldo R9 et Shevchenko, allaient côtoyer, lors du même été, Ribéry, Cristiano Ronaldo et Lionel Messi. Et quel bonheur c'était !

Durant un mois, j'ai passé le plus clair de mon temps devant la télévision, émerveillé par ce que je découvrais. Cette Coupe du monde n'aurait pas été aussi belle sans un parcours exceptionnel de l'équipe de France. Car cette année-là, des émotions, il y en a eu. Alors que les Bleus étaient loin d'être favoris et que la compétition avait très mal démarré pour eux avec une phase de groupe sur courant alternatif, leur phase à élimination directe a été un véritable feu d'artifice. Trois matchs pour se hisser vers la finale, durant lesquels Zidane a émerveillé par son talent technique, pour venir à bout de l'Espagne, du Brésil et du Portugal, et faire face à l'Italie en finale.

Si tout avait été un véritable rêve jusque-là, j'allais vivre la première désillusion de ma vie de passionné de football. Car ce 9 juillet 2006, alors que toute la famille s'était réunie devant la télé pour partager le bonheur que mes parents avaient pu vivre en 1998, le programme a été quelque peu différent. Il y a tellement de choses à dire sur ce match : la Panenka de Zidane qui permet aux Bleus de mener au score, l'égalisation rapide de Materazzi, la fin du match haletante avant les prolongations, mais ce qui me reste en tête, bien sûr, c'est la fin du match. Le tir au but sur la barre transversale de David Trezeguet qui met fin à notre rêve de victoire, mais surtout le coup de tête et l'expulsion de Zidane, pour son dernier match. Depuis ce maelström d'émotions sans précédent, malgré la tristesse infinie et les regrets éternels, j'ai su ce soir-là que le football allait faire partie de ma vie. J'ai toujours été persuadé que les passions naissent dans la douleur, et que malgré la joie des bons moments, ce sont des moments de tristesse que naissent finalement les plus belles vocations. Eh bien ce soir-là, durant ce match dont je n'oublierai jamais la moindre minute, j'ai trouvé la mienne. Dans la frustration ambiante, je n'étais certain plus que d'une chose : un jour, je participerai à faire vivre les émotions extraordinaires que j'avais pu ressentir ce soir-là.

LA MALÉDICTION DU BENFICA

Parti en très mauvais termes du Benfica Lisbonne, un entraîneur a jeté une malédiction sur le club. Plus de 60 ans après, celle-ci est toujours d'actualité.

Les sensations que je garde de mon voyage à Lisbonne sont nombreuses, mais il y a un souvenir en particulier que je n'oublierai pas : l'atmosphère si particulière de son stade, celui du Benfica. Il règne dans cette ville une véritable passion pour le football, qui peut se ressentir à tous les coins de rue. Les maillots du club sont portés fièrement et il n'est pas rare de croiser au gré d'une balade les couleurs du club inscrites sur un mur ou placardées sur une porte. Et c'est justement à l'occasion de ce voyage que des supporters locaux m'ont raconté cette histoire de la malédiction du Benfica en Coupe d'Europe.

Pour comprendre, il faut remonter à 1962. Le club lisboète est au sommet du football européen, après avoir remporté pour la deuxième année consécutive la Coupe d'Europe des clubs champions. Un sacre qui les a vus battre successivement le FC Barcelone et le Real Madrid en finale. Un triomphe rendu possible par un homme : le coach hongrois du club, Béla Guttmann. Logiquement, après ces deux succès européens majeurs, l'entraîneur entame une négociation avec sa direction pour obtenir une augmentation de salaire. Le club refuse. Guttmann décide de quitter le club avec une phrase qui va prendre tout son sens dans les années qui suivirent : « Je m'en vais en vous maudissant. À partir d'aujourd'hui, et pendant 100 ans, Benfica ne remportera pas une Coupe d'Europe. » Une affirmation troublante à l'époque, mais à laquelle personne ne croyait vraiment.

Plus de 60 ans plus tard, la terrible menace de ce coach depuis longtemps disparu s'est bel et bien réalisée. Depuis le titre de 1962, Benfica n'est jamais remonté sur le toit de l'Europe. Une histoire très étrange, que les supporters du club connaissent tous par cœur, eux qui sont désormais persuadés qu'ils vont devoir attendre encore une quarantaine d'années pour retrouver le sommet européen.

GUTTMAN DÉCIDE DE QUITTER LE CLUB AVEC UNE PHRASE QUI VA PRENDRE TOUT SON SENS DANS LES ANNÉES QUI SUIVIRENT : « JE M'EN VAIS EN VOUS MAUDISSANT. »

LE TRAÎTRE

En 2000, Figo trahissait les fans du FC Barcelone pour rejoindre le rival, les Galactiques du Real Madrid.

Quand une star d'un club de football décide de quitter le navire, c'est toujours un véritable déchirement pour une partie des supporters. Avec le temps, on a tendance à beaucoup s'attacher à ceux qui portent le maillot de notre cœur et c'est parfois difficile de les voir partir et porter sur le dos un autre maillot. Mais ce qu'ont vécu les supporters du FC Barcelone en l'an 2000 a largement dépassé le cadre du terrain. Un des grands artisans du football séduisant des Blaugranas de ces années-là était un certain Luis Figo : un milieu de terrain polyvalent, aux gestes techniques exceptionnels, qui avait tout pour s'inscrire dans le futur du club catalan. Mais lors d'un mercato d'été agité, Figo a reçu une offre qu'il ne pouvait pas refuser. Une proposition qui n'arrive qu'une seule fois dans une vie : porter le maillot du Real Madrid et rejoindre, en plus d'un salaire mirobolant, l'équipe que l'on surnommait « les Galactiques », savant mélange de toutes les plus grandes stars de la planète, réunies dans un même vestiaire. Le choix a dû être cornélien, mais finalement le joueur portugais a décidé de céder aux sirènes de la Casa Blanca, même si la rumeur continue d'affirmer que c'est son agent qui aurait tout manigancé. Il s'attendait probablement à ce que cette nouvelle irrite les supporters mais il n'aurait jamais pu prévoir les réactions disproportionnées qui ont suivi cette annonce. Devenu le joueur le plus cher de l'histoire du football, un véritable torrent de haine a déferlé sur lui et pour son premier match avec le maillot du rival au Camp Nou, il a subi un des accueils les plus virulents que l'on ait pu voir dans cette enceinte, notamment avec un lancer de faux billets de banque à son effigie portant le mot *pesetero* (mercenaire).

Le match fut un véritable cauchemar pour le Portugais, victime de jets de bouteille de whisky, mais aussi d'une tête de cochon qui deviendra le symbole du divorce désormais consommé entre le joueur et le club catalan. Pour l'anecdote, j'ai découvert cette histoire auprès du joueur lui-même. Accrédité pour mon premier Ballon d'Or, Figo avait été désigné pour remettre un prix ce soir-là et dans les coulisses, j'étais allé lui faire dédicacer un maillot du FC Barcelone. Il m'avait regardé, étonné, en me disant que cette tunique il ne la signait plus beaucoup. C'est après être rentré chez moi avec le graal que j'ai finalement découvert toute cette histoire et compris pourquoi lui tendre ce maillot-là n'était pas une très bonne idée.

DEVENU LE JOUEUR LE PLUS CHER DE L'HISTOIRE DU FOOTBALL, UN VÉRITABLE TORRENT DE HAINE A DÉFERLÉ SUR LUI POUR SON PREMIER MATCH AVEC LE MAILLOT DU RIVAL AU CAMP NOU.

INQUALI

Dans un match de barrage chaotique, les Bleus se sont effondrés face à la Bulgarie et ont laissé s'envoler leur rêve de Mondial 1994.

Malgré son immense carrière de joueur comme de sélectionneur, Didier Deschamps admet encore aujourd'hui qu'il y a un match qu'il n'a jamais digéré : celui que l'équipe de France a perdu face à la Bulgarie en 1993. Cette année-là, les Bleus se présentaient au Parc des Princes pour un match décisif, en barrages des éliminatoires pour la Coupe du monde 1994 aux États-Unis. Ce soir-là, les coéquipiers de Deschamps étaient pourtant en ballottage favorable : il ne leur suffisait que d'un match nul pour décrocher leur ticket pour le Mondial, et malgré le changement récent de sélectionneur, Platini ayant démissionné au profit de Gérard Houllier, les Bleus étaient prêts à aligner une équipe très talentueuse. Éric Cantona, Jean-Pierre Papin, Franck Sauzé, Didier Deschamps et Laurent Blanc... Il était presque impossible d'envisager que le match se passe mal.

FIABLES !

CET ÉCHEC AVANT LE SACRE DE 1998 NOUS PERMET DE REMETTRE EN PERSPECTIVE L'IMPORTANCE DE LA VICTOIRE LORS DU MONDIAL ORGANISÉ CHEZ NOUS.

Pourtant, alors que les Bleus avaient réussi à ouvrir le score dans cette rencontre, les Bulgares ont rapidement égalisé, avant d'asséner un véritable coup de massue à l'équipe de France, à la dernière seconde de la rencontre, pour leur chiper leur place à la prochaine Coupe du monde. Je pense que si ce match est aussi peu connu aujourd'hui par les jeunes générations, c'est parce que tout le monde a préféré ne plus en parler après. À l'époque, le journal *L'Équipe* avait titré : « Inqualifiables ! » pour désigner ces Bleus-là.

Beaucoup pointèrent du doigt les choix du sélectionneur, qui avait préféré mettre sur le banc deux talents qui auraient pu faire la différence : David Ginola et Zinédine Zidane. Mais cet échec avant le sacre de 1998 nous permet de remettre en perspective l'importance de la victoire lors du Mondial organisé chez nous. Avant de devenir une des nations les plus dominatrices du football mondial, la France a subi de nombreux échecs, malgré des générations talentueuses. Il lui a fallu attendre la fin du XXe siècle pour enfin triompher à l'Euro 1984, puis à la Coupe du monde 1998. Deschamps l'avoue aisément aujourd'hui : s'il n'y avait pas eu cet échec en 1993, les Bleus n'auraient peut-être pas eu la hargne nécessaire pour aller chercher le trophée, cinq ans plus tard.

LE POTEAU DE GIGNAC

Le ballon de la victoire au bout du pied, André-Pierre Gignac touche le poteau en finale de l'Euro et les Bleus laissent échapper le trophée au profit du Portugal.

CELA S'EST JOUÉ À QUELQUES CENTIMÈTRES...

Lors de l'été 2016, les supporters français ont vécu une de leurs plus tristes désillusions. Au terme d'une compétition passionnante, l'équipe de France est parvenue à se hisser en finale de l'Euro organisée chez elle. En finale, le Portugal paraît être un adversaire largement à sa portée. Je me souviens que, comme beaucoup de supporters, mes amis et moi avions organisé notre soirée en prévoyant déjà où nous allions fêter notre victoire, intimement convaincus que nous allions soulever ce trophée. Mais dans le football, il ne faut jamais crier victoire trop vite.

Le match avait pourtant parfaitement commencé pour les Bleus. Ils dominent les débats et les premières minutes du match, la star de l'équipe portugaise, Cristiano Ronaldo, est contraint de quitter le terrain sur une civière. J'avoue que nous avons célébré sa blessure comme un but marqué. Sans lui, nous étions alors persuadés que le match ne serait plus qu'une formalité. Mais contre toute attente, la rencontre va s'étirer en longueur, aucune équipe ne parvenant à ouvrir le score. Dans le temps additionnel, l'attaquant des Bleus, André-Pierre Gignac, reçoit le ballon dans la surface, à quelques centimètres du but portugais. L'instant est suspendu. Je me souviens de ce moment, comme si le temps s'était ralenti, que le son des commentaires et des supporters s'était tu. Mais, alors que tous les supporters français se sont déjà levés, le ballon percute le poteau. Cela s'est joué à quelques centimètres. Quelques centimètres qui séparaient le joueur d'une gloire éternelle, quelques centimètres qui auraient pu combler de joie plus de 60 millions de supporters. Et à peine quelques minutes plus tard, le Portugais Eder, lui, ne manquera pas le cadre. Le joueur du LOSC devient le bourreau de l'équipe de France. Le Portugal est sacré champion d'Europe et ça s'est joué à presque rien.

Aussi loin que je me souvienne, ce match a été une de mes plus grandes déceptions sportives. Le regret d'avoir manqué une soirée de communion, dont on avait bien besoin dans une période difficile. Je l'avoue, j'en ai voulu à André-Pierre Gignac. Mais avec le recul, je pense que si l'équipe de France était parvenue à soulever l'Euro ce soir-là, elle n'aurait jamais eu la hargne nécessaire pour monter sur le toit du monde deux ans plus tard. Alors finalement, je crois qu'il est temps de dire merci à Gignac.

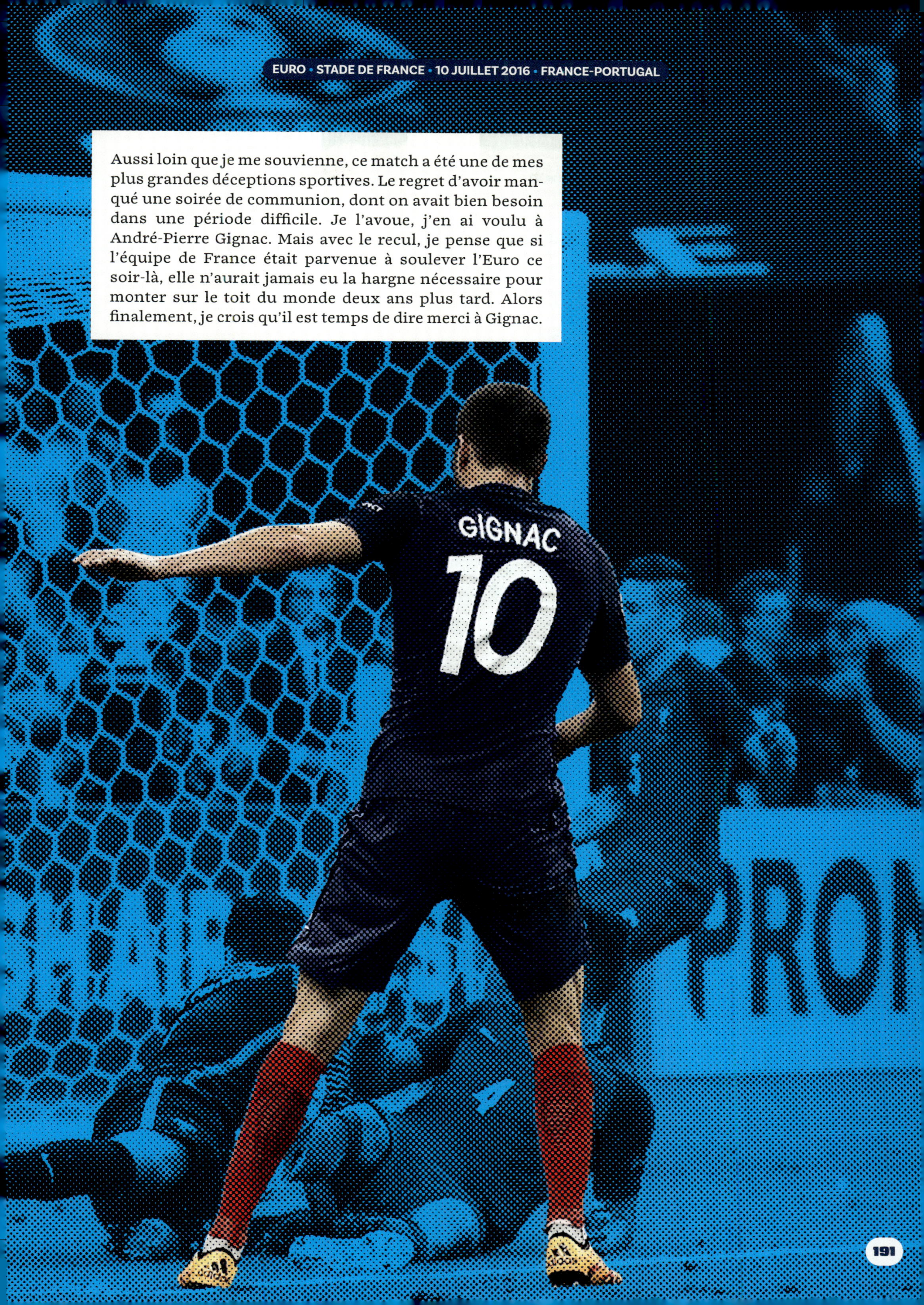

LE CIEL NOUS EST TOMBÉ SUR LA TÊTE

POUR CE MATCH, NOUS AVIONS RÉUNI UNE GRANDE BANDE D'AMIS POUR FÊTER NOTRE QUALIFICATION ET JE ME SOUVIENS QUE NOUS ÉTIONS TOUS HAGARDS.

L'équipe de France championne du monde est sortie en huitièmes de finale de l'Euro par la Suisse, dans un match au scénario fou.

L'équipe de France, championne du monde, a chuté contre la Suisse en huitièmes de finale de l'Euro. Cette phrase sonne faux. Pourtant, cela a bien eu lieu. Au sortir d'une Coupe du monde 2018 étincelante, durant laquelle l'équipe de France aura montré au monde entier l'étendue de son talent, les supporters français nourrissaient beaucoup d'espoir concernant la compétition suivante. D'autant que le meilleur attaquant du monde, Karim Benzema, faisait son retour en bleu. Après un premier tour difficile avec notamment une courte victoire (1-0) sur l'Allemagne, les Bleus affrontent une Suisse qui paraît à leur portée mais qui ouvre d'entrée le score. Il faut qu'Hugo Lloris stoppe un penalty pour que la Suisse ne prenne le large et mène 2-0. Benzema, par deux fois, et Pogba, renversent la tendance. La France mène 3-1 à un quart d'heure de la fin, tout va bien. Mais la Suisse revient au score et l'emporte aux tirs au but, sur un dernier tir manqué par Mbappé.

Quelle ne fut pas notre surprise quand les Suisses sont parvenus à marquer deux buts pour revenir au score dans les dernières minutes du temps additionnel. Pour ce match, nous avions réuni une grande bande d'amis pour fêter notre qualification et je me souviens que nous étions tous hagards.

LA GLISSADE DE GERRARD

À la toute fin d'une saison haletante, le capitaine de Liverpool était victime d'une glissade qui allait coûter le titre à son club.

Steven Gerrard compte parmi les légendes de Liverpool. À la fin de la saison 2013-2014, son club, à la lutte pour le titre, est talonné par Chelsea et Manchester City. La rencontre de la 36e journée entre Liverpool et Chelsea prend donc l'allure d'un match décisif. Alors que les deux équipes étaient au coude à coude et qu'elles se dirigeaient vers la fin de la première période, Mamadou Sakho effectue une remise en retrait pour son capitaine, mais celui-ci glisse. À la suite de la perte du ballon, Chelsea amorce une contre-attaque éclair et Demba Ba part au but pour l'ouverture du score. 1-0 pour Chelsea qui parviendra à garder l'avantage, marquant même un deuxième but en fin de match.

Au-delà de ce simple fait de jeu, qui a déterminé le sort de cette rencontre, la glissade de Steven Gerrard aboutira finalement au sacre de Manchester City qui, grâce à cette erreur de parcours, en profitera pour chiper le titre aux Reds et aux Blues lors de la dernière journée. Le football peut être injuste tant il se joue à des détails et, lors de ce match inoubliable, Steven Gerrard en a malheureusement fait les frais.

AU-DELÀ DE CE SIMPLE FAIT DE JEU, QUI A DÉTERMINÉ LE SORT DE CETTE RENCONTRE, LA GLISSADE DE STEVEN GERRARD ABOUTIRA FINALEMENT AU SACRE DE MANCHESTER CITY.

LE CALVAIRE DE KARIUS

En finale de la Ligue des champions, le gardien de Liverpool Loris Karius est l'auteur d'un match catastrophique.

Dire de Loris Karius qu'il est passé à côté de son match en finale de la Ligue des champions 2018 serait un doux euphémisme. Le gardien de Liverpool a tellement déçu par sa prestation que son match a porté un nom : le cauchemar de Kiev. Alors qu'il était au firmament de sa carrière, le gardien allemand a vécu une soirée à côté de ses crampons. Les Reds retrouvaient le sommet du football européen pour la première fois depuis plusieurs décennies face au Real Madrid entraîné par Zinédine Zidane. La première période est très fermée mais au retour sur la pelouse, Loris Karius relance mal à la main. Karim Benzema s'empare du ballon et ouvre le score pour les Madrilènes. Sadio Mané remet Liverpool dans le sens de la marche en égalisant quatre minutes plus tard. Gareth Bale inscrit dans la foulée un second but splendide, avant une deuxième erreur grossière du gardien de Liverpool. Sur une frappe puissante de l'extérieur de la surface, Karius, pourtant idéalement placé sur la trajectoire, se troue et laisse échapper la frappe de Bale dans ses propres filets.

IL N'A SUFFI QUE D'UN INSTANT, POUR QU'IL PASSE DE LA LUMIÈRE À L'OMBRE.

Je me rends compte à ce moment-là que je viens d'assister non seulement à un match manqué mais aussi à la mort footballistique du joueur. Après ces 90 minutes catastrophiques qui auront coûté le titre à son équipe, Karius sera écarté, transféré et, après un passage en Turquie, passera le reste de sa carrière sur le banc. Il n'a suffi que d'un instant, pour qu'il passe de la lumière à l'ombre. Telle est la dure loi du football.

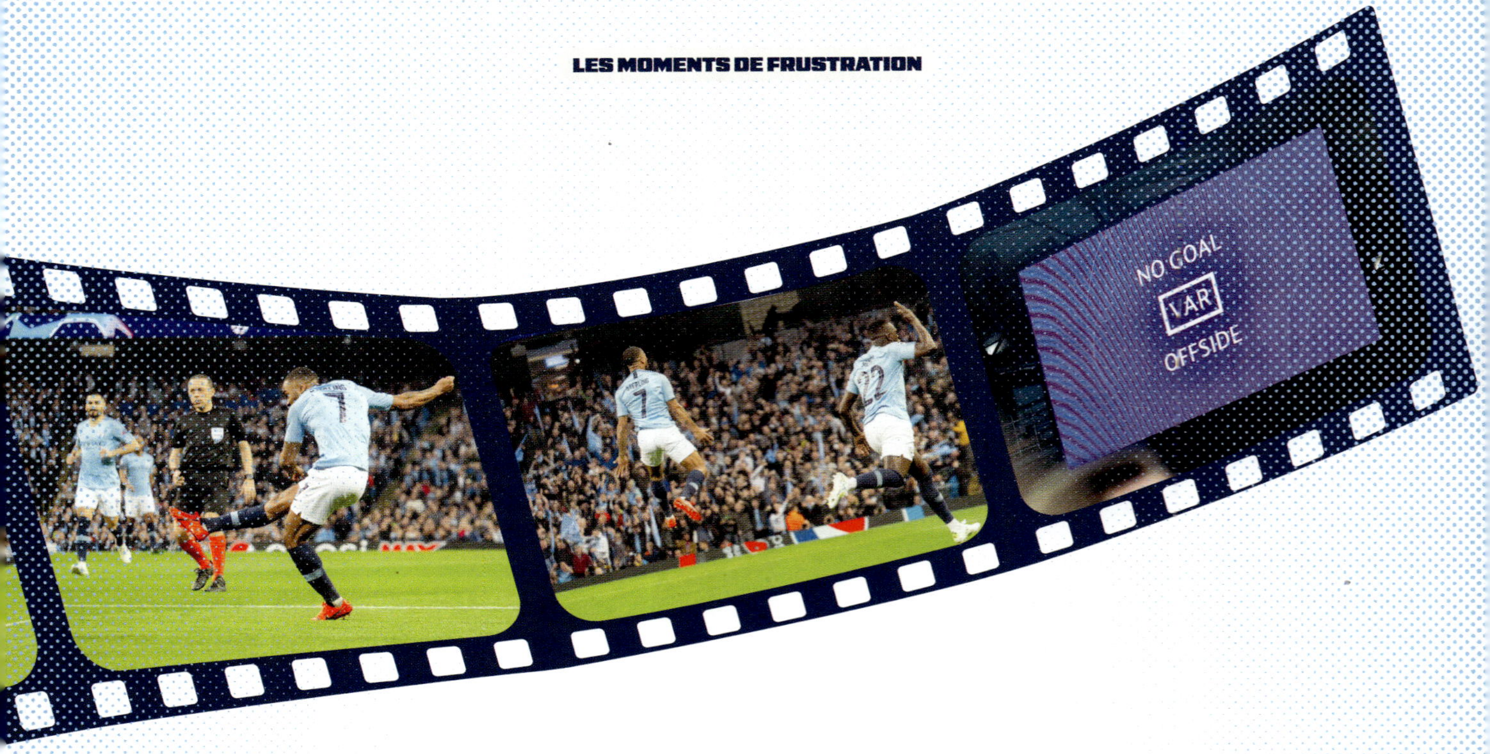

UN MATCH FOU !

S'affrontant pour une place en demi-finale de la Ligue des champions, Tottenham et Manchester City nous ont offert une pluie de buts.

C'est probablement un des quarts de finale de Ligue des champions les plus exaltants que l'on a eu la chance de vivre ces dernières années. Nous étions en 2019 et deux équipes anglaises se retrouvaient face à face pour une place en demi-finale de la plus grande des compétitions : Tottenham et Manchester City. Malgré la domination sans partage du City de Guardiola depuis son arrivée en Angleterre, jamais les Citizen n'étaient parvenus à décrocher le graal européen. Mais cette année-là, on sentait que tout était possible. Après un match aller plutôt décevant qui avait vu Tottenham remporter la première manche 1-0, personne n'aurait pu prédire la folie qui allait entourer le match retour. Je m'en souviens comme si c'était hier. J'avais couru pour revenir chez moi à temps pour le coup d'envoi et après dix minutes de jeu, quatre buts avaient déjà été marqués. Ce genre de situation, c'est une des raisons qui me font aimer passionnément le football anglais. On est toujours certain qu'il n'y aura pas de calcul et que toutes les forces offensives seront engagées dans la bataille. C'est ce qui s'est déroulé jusqu'à la fin du match, avant un final au scénario rocambolesque.

J'AVAIS COURU POUR REVENIR CHEZ MOI À TEMPS POUR LE COUP D'ENVOI ET APRÈS DIX MINUTES DE JEU, QUATRE BUTS AVAIENT DÉJÀ ÉTÉ MARQUÉS.

Dans les dernières secondes, alors que le score affichait 4-3 pour les Citizen, la règle du but à l'extérieur obligeait les hommes de Pep Guardiola à inscrire coûte que coûte un dernier pion pour décrocher leur qualification. Alors qu'il ne restait plus que quelques secondes à jouer, l'attaquant de Manchester City Raheem Sterling inscrivait le but du 5-3 pour faire entrer ce match dans la légende. Mais c'était sans compter l'intervention de la VAR. Ce nouvel outil d'arbitrage qui venait d'être mis en place allait refroidir tous les espoirs de Manchester. Un hors-jeu très léger était détecté, le but était annulé et Pep Guardiola se prenait la tête entre les mains. C'est Tottenham qui rejoint les demi-finales.

LES MOMENTS DE SURPRISE

L'HISTOIRE SE RÉPÈTE,

À plus de 30 ans d'intervalle, le TFC a réalisé deux exploits retentissants en Coupe d'Europe : éliminer le Napoli de Maradona, puis battre Liverpool.

Parmi les plus grands exploits du football français en Coupe d'Europe, il y en a un auquel j'ai encore beaucoup de mal à croire, des décennies plus tard. En 1986, le modeste Toulouse Football Club parvenait à éliminer le Napoli de Diego Maradona de la Coupe d'Europe. Ça paraît complètement fou et pourtant c'est bien vrai. À l'issue d'une séance de tirs au but où les Toulousains ont été héroïques, Maradona tirait le dernier et son ballon atterrissant sur le poteau provoquait l'élimination de son équipe au Stadium.

Étant né à la fin des années 1990, je n'ai pas vécu cette qualification surprise, même si j'ai eu l'occasion de la revivre à travers le témoignage de supporters de Toulouse, la

COUPE UEFA • STADIUM DE TOULOUSE • 1er OCTOBRE 1986 • TFC-SSC NAPOLI

ville où j'ai grandi. Mais je ne me doutais pas qu'en 2023, des décennies après cet exploit, j'allais moi-même vivre un moment d'histoire de mon club d'enfance. En Europa League, les Toulousains, auréolés d'une Coupe de France, reçoivent Liverpool. J'étais au stade, et ce match restera pour toujours gravé dans ma mémoire. Dans un Stadium plein à craquer où l'ambiance des grands soirs pouvait se ressentir jusqu'au siège le plus éloigné de la pelouse, le TFC a une nouvelle fois réalisé ce qui semblait impossible. Une victoire 3-2 au terme d'un final irrespirable. À la fin du match, le public tout entier était en ébullition, et personne n'en croyait vraiment ses yeux. Plus de 30 ans plus tard, le TFC réalisait à nouveau un exploit retentissant en Europe. Forza Viola !

LES EXPLOITS DU TFC AUSSI

UNE JOIE COMMUNICATIVE

Leur équipe qualifiée pour leur première compétition internationale, les supporters islandais vont créer la sensation lors de l'Euro 2016 en France.

En 2016, un pays d'à peine 400 000 habitants est devenu l'attraction principale de l'Euro organisé en France. En plus de réaliser un parcours tout à fait honorable en se hissant jusqu'en quarts de finale, les Islandais ont marqué durablement les esprits par leur façon qu'ont leurs supporters de célébrer les buts et les victoires. Ils étaient près de 27 000 à avoir fait le déplacement pour la France et ont imposé en tribunes leur marque de fabrique : le *clapping*. Cette pratique venue d'Islande consiste à taper dans les mains de manière synchronisée, dans un rythme allant crescendo.

Cette tradition va séduire les autres supporters européens. Car même si les Bleu et Blanc finissent par s'incliner en quarts de finale face à l'équipe de France, quelques jours plus tard à peine, alors que les Bleus affrontent l'Allemagne en demi-finale à Marseille, les supporters de l'équipe de France vont s'inspirer de leurs homologues nordistes et adopter leur *clapping* traditionnel.

Depuis, le *clapping* est devenu habituel. En à peine trois semaines, l'Europe a découvert et immédiatement adopté la marque de fabrique des supporters islandais.

EN À PEINE TROIS SEMAINES, L'EUROPE A DÉCOUVERT ET IMMÉDIATEMENT ADOPTÉ LA MARQUE DE FABRIQUE DES SUPPORTERS ISLANDAIS.

UN GARDIEN INATTENDU

GIROUD NOUS AURA UNE NOUVELLE FOIS PROUVÉ QUE MÊME AU CRÉPUSCULE DE SA CARRIÈRE, IL PEUT ENCORE NOUS SURPRENDRE.

Alors que son gardien venait de prendre un carton rouge, Olivier Giroud l'a remplacé au pied levé dans les buts milanais.

Olivier Giroud est un de mes joueurs préférés. D'abord parce qu'il est passé par de nombreux clubs pour lesquels j'ai beaucoup d'affection, mais aussi et surtout car il représente à mes yeux une force et une détermination absolument uniques, qu'il a mises en œuvre durant toute sa carrière. C'est d'ailleurs cette capacité à se remettre en question en permanence et à se relever face à n'importe quelle épreuve qui l'a amené à vivre un des moments les plus cocasses des dernières saisons du championnat italien.

Après un passage réussi en Angleterre, le joueur français a attiré les regards d'un club historique du continent : le Milan AC. Une équipe pleine de talent, dans laquelle Giroud a brillamment réussi à s'intégrer. Mais il y a un match qui n'a ressemblé à aucun autre. Le 7 octobre 2023, alors que le club affronte le Genoa en championnat, il va endosser un costume de sauveur assez inhabituel pour lui. Alors que les siens ont marqué le premier but et que l'on se rapproche de la fin du match, une sortie mal maîtrisée de Mike Maignan provoque l'expulsion du gardien français. Il reste quatre minutes, mais tous les changements ont été effectués. Heureusement, Olivier Giroud est là. Le joueur de 37 ans enfile les gants et entre dans les cages pour la première fois de sa carrière. En quatre minutes, il parvient à réaliser une très belle intervention dans sa surface, en récupérant le ballon dans les pieds d'un attaquant, et permet à son équipe de repartir avec les trois points. Les images feront le tour du monde. Et Giroud nous aura une nouvelle fois prouvé que, même au crépuscule de sa carrière, il peut encore nous surprendre.

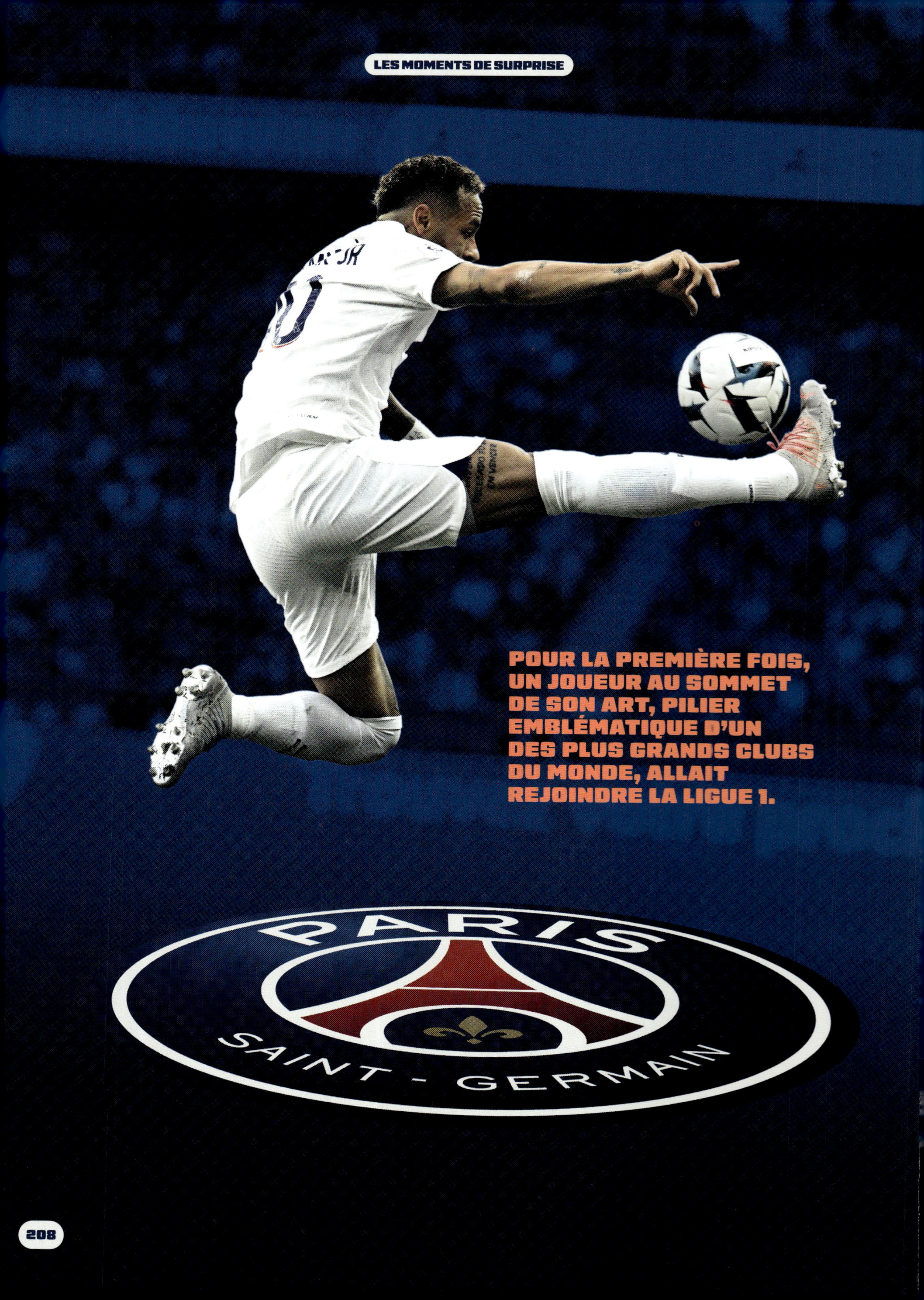

POUR LA PREMIÈRE FOIS, UN JOUEUR AU SOMMET DE SON ART, PILIER EMBLÉMATIQUE D'UN DES PLUS GRANDS CLUBS DU MONDE, ALLAIT REJOINDRE LA LIGUE 1.

NEYMAR REJOINT LE PSG

L'officialisation du transfert de Neymar Jr au PSG va bouleverser le monde du foot.

C'est une nouvelle qui a tout chamboulé sur son passage. Racheté par le Qatar en 2012, le PSG avait réussi, dès l'arrivée de ses investisseurs fortunés, à attirer dans ses filets des joueurs emblématiques du paysage footballistique européen. Mais l'arrivée de Verratti, Ibrahimović et Pastore n'était rien face au séisme qui allait secouer la capitale en 2017. Les rumeurs faisaient bon train depuis des semaines, mais lorsque la notification est apparue sur mon téléphone portable je n'en croyais pas mes yeux. Neymar, peut-être le joueur le plus talentueux de sa génération, symbole du style brésilien, et alternative crédible à la suprématie de Ronaldo et Messi sur le football mondial, était désormais un joueur du club parisien. J'en étais persuadé, rien ne serait plus pareil après. Car pour la première fois, un joueur au sommet de son art, pilier emblématique d'un des plus grands clubs du monde, allait rejoindre la Ligue 1. Cette arrivée promettait une mise en lumière de notre championnat que nous n'avions jamais connue et elle a, je crois, ravi le pays tout entier.

Quelques années plus tard, au moment de faire le bilan des cinq années de Neymar au Paris Saint-Germain, la déception est de mise. Les blessures ont bien souvent barré la route à celui qui se destinait à obtenir le Ballon d'Or. Avec lui, le club parisien devait soulever la Ligue des champions. Aucun de ces deux événements n'aura eu lieu. Mais au-delà de ses résultats en demi-teinte, Neymar aura été un pionnier. Un joueur qui aura été à contre-courant de ce que le monde du football lui intimait de faire. En six ans et malgré toutes les polémiques, la Ligue 1 a évolué, et, je le crois, dans le bon sens. Neymar aura donc, presque malgré lui, changé la manière de percevoir le championnat français. Et son arrivée restera une des surprises que l'on n'est pas près d'oublier.

LE RÊVE DE LOULOU

Au terme d'une saison exceptionnelle, le MHSC de Louis Nicollin remporte le premier championnat de son histoire.

Qui aurait pensé qu'une équipe puisse rivaliser avec les Galactiques de la Ligue 1 version PSG ? En 2012, lorsque QSI, le fonds d'investissement qatari, a racheté le PSG et lui a offert des moyens sans précédent, cela ne faisait aucun doute : Paris allait forcément prendre la tête du championnat et cela pour de nombreuses années. C'était sans compter la performance d'une équipe bien plus modeste au cœur immense : le MHSC.

Lancé depuis la division d'honneur en 1974, le Montpellier de Louis Nicollin s'est hissé en huit saisons parmi l'élite du football français pour ensuite enchaîner les allers-retours entre la première et la deuxième division. En 2012, l'entraîneur confirmé René Girard monte une équipe constituée à la fois de joueurs d'expérience, comme Vitorino Hilton, mais aussi et surtout d'un vivier de talents prometteurs, qui deviendront des légendes du club, comme Olivier Giroud ou Rémy Cabella. Face aux grands du championnat, Montpellier joue avec ses armes et parvient à créer un groupe homogène, une véritable famille comme le décriront les joueurs après ce sacre inespéré.

À l'issue du championnat, après une ultime victoire à Auxerre (2-1), le Montpellier Hérault termine à la première place et soulève pour la seule et unique fois de son histoire la coupe du championnat de France. C'est une très belle histoire comme seul le football peut nous en conter. Mais au-delà de la surprise de cet exploit, de la beauté du football proposé par cette équipe modeste mais ambitieuse, ce que je retiens, c'est le visionnaire derrière tout ça : sans Louis Nicollin, sans cette inébranlable foi en son équipe, l'exploit n'aurait pas été possible. Loulou nous a quittés il y a quelques années, mais il restera pour moi l'un des plus grands présidents que la Ligue 1 ait jamais connus et son héritage continuera de vivre encore longtemps.

C'EST UNE TRÈS BELLE HISTOIRE COMME SEUL LE FOOTBALL PEUT NOUS EN CONTER.

COUP DU CHAPEAU !

POUR LA PREMIÈRE FOIS DE L'HISTOIRE DE LA LIGUE DES CHAMPIONS, UN DÉFENSEUR EST PARVENU À MARQUER UN TRIPLÉ.

En 2017, Layvin Kurzawa inscrit le premier triplé d'un défenseur en Ligue des champions.

Lors de la phase de groupe de la Ligue des champions en 2017, le défenseur du PSG Layvin Kurzawa a réalisé une des prestations les plus surprenantes auxquelles j'ai eu la chance d'assister. Dans un match à sens unique contre Anderlecht, le PSG a déroulé son football pour repartir avec trois points très importants pour la suite de la compétition. Mais parmi les cinq pions qui ont été marqués ce soir-là, trois sont rentrés dans l'histoire. Pour la première fois en Ligue des champions, un défenseur est parvenu à marquer un triplé.

Lorsque l'on sait que, par la suite, Kurzawa a été mis au placard par ses entraîneurs successifs, je me dis que ce moment a probablement dû être la quintessence de sa carrière, sans qu'il s'en doute à ce moment-là. Il était reparti avec le ballon du match comme le veut la tradition, et encore aujourd'hui, il reste le défenseur le plus prolifique en termes de buts inscrits dans une même rencontre de Ligue des champions.

L'EXPLOIT DES MINOTS

LORSQUE L'ON PARLE DES CLASSIQUES LES PLUS MARQUANTS DE NOTRE LIGUE 1, CE MATCH REVIENT TOUJOURS DANS LES MÉMOIRES.

À l'occasion d'un match PSG-OM au Parc des Princes, le président marseillais décide d'aligner une équipe de joueurs amateurs. Miracle : ils décrochent le match nul.

En 2006, l'Olympique de Marseille a réalisé un exploit face au PSG au Parc des Princes. Nous étions à la 30e journée de championnat, date du classique du championnat de France : Marseille-Paris. Des tensions très fortes entre les supporters ont amené le président de l'OM de l'époque, Pape Diouf, à considérer qu'il était dangereux, pour les supporters comme pour les joueurs, de se rendre au Parc des Princes. Il décide alors d'envoyer à la place de l'équipe première un groupe totalement remanié, constitué uniquement de jeunes joueurs qui, pour la plupart, n'avaient jamais porté le maillot de l'OM en compétition officielle. Au départ, c'était une manière de protester contre les conditions de sécurité du match, mais finalement, cette décision va se transformer en miracle.

Cette équipe que l'on surnommera « les Minots » a réalisé un match d'anthologie en tenant tête aux Parisiens (0-0). Quelle surprise ! Encore aujourd'hui, lorsque l'on parle des classiques les plus marquants de notre Ligue 1, ce match revient toujours dans les mémoires. Il est difficile d'oublier cette image : celle des jeunes joueurs de l'OM qui se congratulent sur la pelouse du Parc des Princes, comme s'ils venaient de gagner le championnat. Leur joie communicative exprimait toute l'étendue de l'exploit qu'ils venaient de réaliser.

LE PETIT POUCET

En 2000, la petite équipe amateure de Calais est parvenue à se hisser en finale de la Coupe de France.

La Coupe de France est une compétition unique. Chaque année, elle permet au public, mais aussi aux joueurs amateurs, de pouvoir approcher les plus grandes stars du championnat et d'assister, souvent, à quelques surprises. Des exploits retentissants, il y en a eu. Mais l'un d'entre eux a profondément marqué cette formidable compétition. Lors de l'édition 1999-2000, un club amateur évoluant en CFA a atteint la finale. Ce club atypique, c'était le Calais Racing Union Football Club. Une toute petite équipe, composée de joueurs non professionnels, qui a enchaîné les exploits jusqu'au Stade de France. Imaginez : pour arriver jusque-là, ils ont éliminé le LOSC, l'AS Cannes, le RC Strasbourg et même les Girondins de Bordeaux en demi-finale. Un parcours exceptionnel.

À l'issue de ce périple historique, ils se sont présentés le 7 mai 2000 dans l'antre du football français, le Stade de France, pour y affronter le FC Nantes. Quasiment 80 000 personnes s'étaient déplacées pour assister à cette confrontation.

IMAGINEZ : POUR ARRIVER JUSQUE-LÀ, ILS ONT ÉLIMINÉ LE LOSC, L'AS CANNES, LE RC STRASBOURG ET MÊME LES GIRONDINS DE BORDEAUX EN DEMI-FINALE. UN PARCOURS EXCEPTIONNEL.

Mais alors qu'ils étaient parvenus à ouvrir le score, et que tout le monde s'était préparé à assister à leur sacre, c'est finalement les Nantais qui sont repartis avec le trophée, grâce à un penalty en toute fin de match. À la fin du match, les joueurs de Nantes ont réservé une haie d'honneur et un hommage magnifique à leurs homologues amateurs : une image que l'on n'a la chance de voir que dans cette compétition si particulière. Voilà pourquoi le public français aime tant la Coupe de France.

LA PASSION DE L'EURO !

À l'occasion de l'Euro organisé en Allemagne, j'ai décidé de vivre pour la première fois cette grande compétition parmi les supporters français.

Lors de l'Euro 2024, j'ai réalisé un de mes plus grands rêves : accompagner l'équipe de France tout au long d'une compétition internationale. J'avais déjà assisté à de nombreux matchs dans des pays et des stades différents, mais jamais encore la passion et l'atmosphère d'un déplacement à l'étranger pour encourager nos Bleus. Ainsi, le 17 juin 2024, je me suis envolé pour Düsseldorf pour y vivre le match d'entrée des hommes de Deschamps dans la compétition. Un match plutôt banal sur le terrain, une victoire bleue arrachée au forceps (1-0), mais un frisson : découvrir l'ambiance internationale et ressentir la puissance émotionnelle d'un match à enjeu, tout en le vivant auprès des supporters les plus passionnés.

J'avais placé beaucoup d'attentes dans ce moment et je n'ai pas été déçu ! Car ce premier match n'était que le début d'une aventure allemande qui s'est étalée sur six rencontres et presque autant de stades visités. Les émotions ont été partagées, car les Bleus ont parfois déçu dans le contenu sur le terrain. En demi-finale, face à des Espagnols plus inspirés, les Bleus se sont finalement inclinés (1-2). Mais, au final, je retiendrai de ce moment un souvenir indélébile : celui de faire partie de la famille bleue, dans les bons comme dans les mauvais moments.

Après ce match où j'ai donné toute la voix qu'il me restait (après plus de trois semaines à encourager la France), j'ai eu le bonheur de connaître un ultime moment privilégié : vivre la finale de l'Euro ! Personnellement, je n'aurais jamais pensé que mon expérience dans cette compétition, vécue parmi les supporters et durant laquelle j'aurai produit des vidéos tous les jours pour en partager toutes les histoires, se terminerait dans une telle apothéose. Un choc entre l'Angleterre et l'Espagne en finale pour conclure en beauté ce grand été de football. C'était le plus beau des cadeaux ! Et comme durant toute la compétition, les Espagnols emmenés par leur jeunesse dorée, à l'image de Lamine Yamal élu meilleur jeune du tournoi, ont dominé les débats afin de soulever le quatrième trophée continental de leur histoire. Un record !

JE RETIENDRAI DE CE MOMENT UN SOUVENIR INDÉLÉBILE : CELUI DE FAIRE PARTIE DE LA FAMILLE BLEUE.

C'est justement pour cela que je ne pourrai jamais oublier cet Euro 2024. Bien que peu passionnant en termes de football pur, il restera à mes yeux une grande découverte car, pour la première fois, j'ai eu l'impression de faire partie de la fête. J'ai déjà hâte de m'envoler pour le Mondial américain en 2026.

FRANCE
BELGIUM

REMERCIEMENTS

Tout d'abord je voudrais remercier ma famille : ma mère et mon père qui m'ont toujours soutenu et cru en moi. Sans ma mère qui m'a appris à lire et à écrire et mon père qui m'a donné l'amour du sport, je n'aurais jamais pu écrire ce livre.

J'ai également une pensée pour mes amis Manu, Sam, Enzo, Romain, Magali et Thomas qui ont été précieux et m'ont soutenu jusqu'au bout du projet.

Je voudrais remercier tout particulièrement Gahïs, mon monteur devenu mon partenaire le plus précieux dans cette aventure, et Rémi, qui a toujours su m'épauler avec sa culture du football légendaire. Un grand merci à Samuel, mon agent, pour son accompagnement et ses précieux conseils, et à Brice, celui qui n'a jamais cessé de m'accompagner dans ce voyage.

Mais je n'oublie pas non plus ceux qui ont cru en moi tout au long de ce parcours : Mme Fage, M. Valot, M. Laplane, Anaïs Bertrand mais aussi et surtout Valérie Schmidt et Claude Mouriéras.

Enfin, j'ai une pensée pour toutes les personnes qui ont soutenu mon aventure sur les réseaux : mes abonnés, ceux qui ont un jour commenté ou envoyé un message de soutien. Sans eux, je n'aurais jamais eu la joie de parler de ma passion tous les jours. Ce livre est pour eux.

TABLE DES MATIÈRES

LES MOMENTS DE FRISSONS

LES MOMENTS DE TRISTESSE

LES MOMENTS INSOLITES

LES MOMENTS DE COMMUNION

LES MOMENTS DE FRUSTRATION

LES MOMENTS DE SURPRISE

CRÉDITS PHOTOGRAPHIQUES

1re de couverture
Dans le sens des aiguilles d'une montre, en partant du haut : Diego Maradona (Presse Sports), Neymar (Presse Sports), Kylian Mbappé (Presse Sports), Thierry Henry (IconSport), Lionel Messi (IconSport), Cristiano Ronaldo (Presse Sports), Zinédine Zidane (IconSport). Au centre, photo de l'auteur : collection personnelle de l'auteur.

4e de couverture
Collection personnelle de l'auteur.

Intérieur
Presse Sports, pages : 8-9, 10, 11, 13, 18, 19, 20, 29, 30, 32, 34, 35, 36, 48-49, 52-53, 61 (bas), 66, 69, 72, 73 (droite), 74-75, 78-79, 81 (droite), 82, 83 (haut), 84-85, 86 (sauf centre, droite), 87, 91, 96 (bas), 98-99, 100-101, 104, 105, 108, 109, 110, 116-117, 119, 121, 125, 127, 128-129, 131, 132, 134-135, 136, 137 (haut), 142, 146-147, 149, 150-151, 156, 157, 160, 161 (gauche), 162-163 (fond), 170, 175, 176-177, 178, 179, 182, 184, 187, 189, 190-191, 192-193, 194, 196, 197, 198, 202, 206, 207 (bas), 208, 211 (bas ; droite), 212, 213, 214, 215, 216, 217.
IconSport, pages : 14-15, 17, 21, 22-23, 26-27, 31 (gauche), 37, 43, 44-45, 46, 47, 50, 51, 54-55, 57, 61 (haut), 62, 65, 68, 71, 73 (gauche), 80, 83 (bas), 88-89, 94, 95, 96 (haut), 97 (fond), 102-103, 111, 112, 113, 114, 118, 120, 126, 133 (bas), 139, 143, 144, 145, 152, 153, 164, 165, 166-167, 168-169, 171, 183, 185, 188, 193 (bas), 195, 199, 203, 204-205, 207 (haut), 209, 211 (gauche ; haut), 218-219.
Panoramic, pages : 38-39, 172, 173, 179 (fond).
Adobe Stock, pages : 16, 70, 133.
Collection personnelle de l'auteur, pages : 12, 31 (droite), 42, 81 (gauche), 85, 86 (centre, droite), 90, 133 (gauche), 137 (bas), 161 (droite), 169 (droite), 186, 203, 218.
Droits réservés, pages : 97, 155, 163.

SOLAR

Directeur : Didier Férat
Direction éditoriale : Jean-Philippe Bouchard
Édition : Diane Le Poëzeller
Maquette : Jean-Louis Massardier
Photogravure : Charles Boitier
Fabrication : Emmanuelle Laine

ISBN : 978-2-263-18751-3
Code éditeur : L18751
Dépôt légal : septembre 2024
Imprimé en France par Pollina.

Retrouvez-nous sur www.lisez.com
serviceclients@lisez.com

Solar, un département d'Edi8